U0452877

DARK HISTORY OF THE
PLANTAGENETS

金雀花王朝

[英] 本·哈伯德 著

熊晶晶 译

SPM 南方传媒　广东人民出版社
·广州·

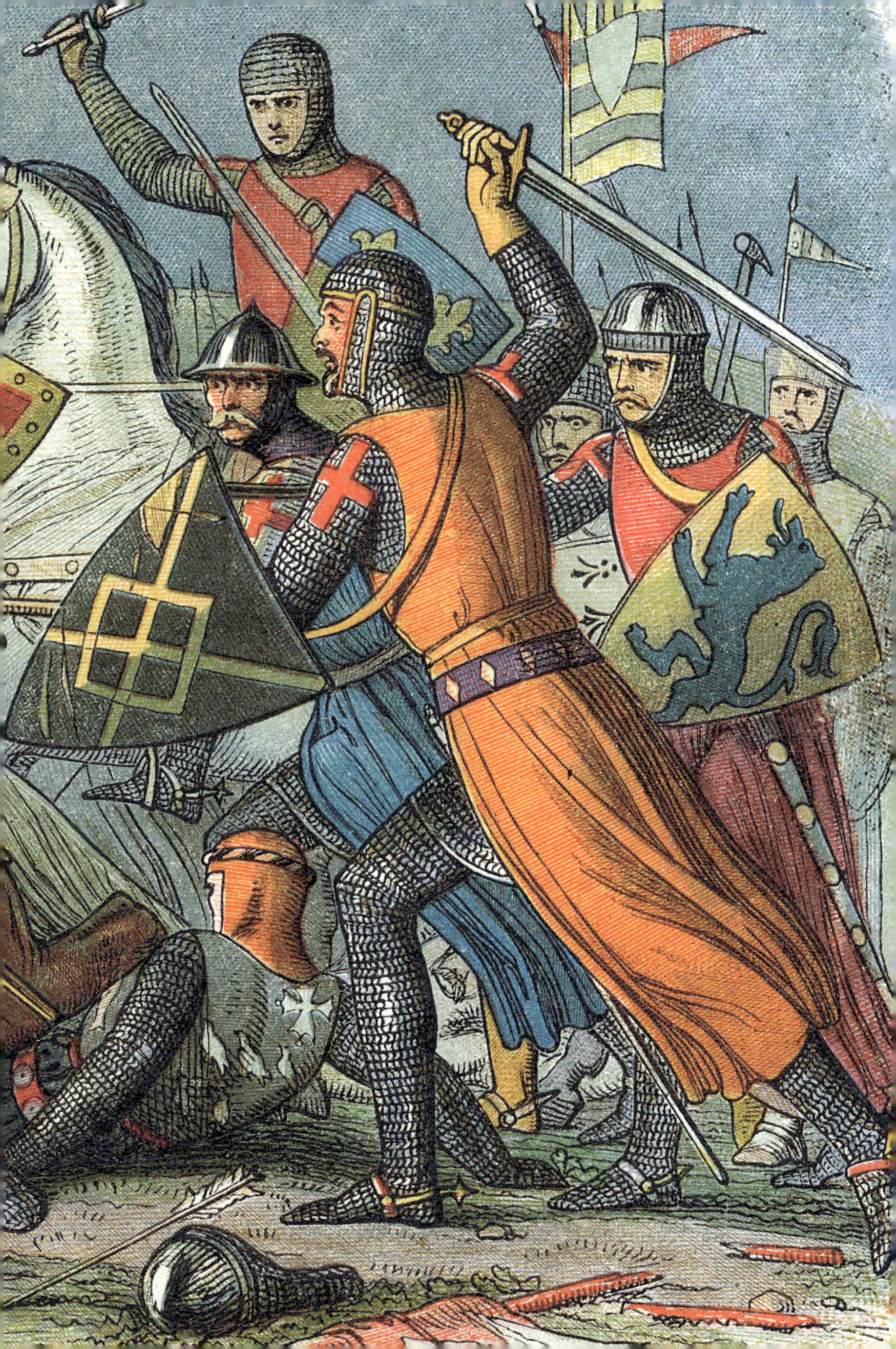

目录

引 言　　　　　　　　　　001

第一章　亨利二世　　　　　009
第二章　理查一世和约翰　　037
第三章　亨利三世　　　　　067
第四章　爱德华一世和爱德华二世　093
第五章　爱德华三世　　　　127

第六章	理查二世	143
第七章	亨利四世和亨利五世	177
第八章	亨利六世	201
第九章	爱德华四世、爱德华五世 以及理查三世	219
结　语		239

ENSE T VO PRINCEPS PREDONUM TVRBA FVGATVR
ECCL... QVIES PACE VICENTE DATVR

引 言

THE PLANTAGENETS

传说，金雀花家族的后裔实际上是恶魔的后代。他们的祖先是安茹伯爵，他的新娘美艳绝伦，但她拒绝参加弥撒仪式。面对众人的压力，她露出了魔鬼的本来面目，接着便从教堂里最高的窗户飞了出去。据说，金雀花王朝的十五位国王都带有她的恶魔血统。

据称，这位安茹（Anjou）伯爵夫人是撒旦的女儿，也可能是中世纪民间传说中的蛇妖——梅露西娜（Melusine）。她生了四个儿子，其中一个叫"黑富尔克"（Fulk the Black），是一个恶名昭彰的杀人犯和强奸犯，他把身穿婚纱的新婚妻子绑在火刑柱上活活烧死了。许多人认为，金雀花家族遗传了黑富尔克的暴躁脾气；他们金红色的头发遗传自黑富尔克的后裔——美男子若弗鲁瓦五世（Geoffrey V，1113—1151年），他是未来的安茹伯爵以及金雀花家族的创始人。

法国的安茹伯国是金雀花家族的故乡，不过这个家族中的国王很少有人会真正使用这个名字。其实，"金雀花家族"一名来源于一种黄色的豆科金雀儿属植物——金雀花，相传若弗鲁瓦喜欢在帽子上插一小枝金雀花作为装饰，故

对页图 安茹伯爵若弗鲁瓦五世的珐琅雕像，位于勒芒大教堂其墓地上。

下图 玛蒂尔达皇后的国玺，她是亨利一世的继承人、若弗鲁瓦五世的妻子。

而得名。若弗鲁瓦在法国拥有大片的领土，但他没有统治英格兰，也对英格兰不感兴趣。英格兰是他的妻子玛蒂尔达（Matilda）的领地，她是神圣罗马帝国皇帝的遗孀，也是征服者威廉（William the Conqueror）的孙女。

众所周知，玛蒂尔达是一个傲慢任性的女人，她拥有各种头衔，十分高傲自大。因此，当她的父亲英格兰国王亨利一世（Henry I）建议她嫁给安茹的若弗鲁瓦时，她感觉受到了极大的羞辱。玛蒂尔达的上一任丈夫是神圣罗马帝国皇帝亨利五世，一位强大的统治者，掌控着大片的领土。相比之下，安茹只是一个小伯国，其继承人也不过是一个十五岁的少年。当时，玛蒂尔达已经二十六岁，是一位风华正茂的贵族女子。

然而，玛蒂尔达别无选择。亨利一世没有男性继承人，所以他希望玛蒂尔达的婚姻能为他带来一个，成为未来的安茹伯爵和英格兰国王。与此同时，亨利一世宣布玛蒂尔达为自己的继承人，在实行长子继承制的时代，这种事情并不多见。

那时英格兰的许多贵族都拒绝接受一位女王的统治。亨利一世于1135年去世后，他们便邀请玛蒂尔达的表兄斯蒂芬（Stephen）来争夺英格兰的王位。斯蒂芬的夺位之举引发了一场时长将近二十年的内战，英格兰进入后人所说的"无政府时期"。

在无政府时期，英国贵族阶层分成了两派，一派支持斯蒂芬，一派支持玛蒂尔达，长期的消耗战由此展开。为了得到更大的支持，斯蒂芬雇了许多外国的雇佣兵，而这些人一到英格兰就实施了许多残忍暴行。据《彼得伯勒编年史》（*Peterborough Chronicle*）记载，正是在这一黑暗时期，"基督和他的圣徒们都沉睡了"，这部编年史是12世纪盎格鲁－撒克逊时代的手稿。

他们（贵族们）因建造城堡实施强迫劳动，使这个国家不幸的人民深受压迫。城堡建成后，他们将恶棍和坏蛋充塞其中，然后就日日夜夜地抓捕他们认为有些财富的人，无论男女。这些贵族把他们关进监狱，用难以形容的酷刑折磨他们，以此勒索金银财宝，没有哪个殉教者曾遭受过这些人所受的酷刑。

——《彼得伯勒编年史》

下图 模拟表兄妹玛蒂尔达和斯蒂芬的争斗，他们都在争夺英格兰王位。

1142 年，斯蒂芬包围了玛蒂尔达所在的牛津城堡，这场夺位之战似乎即将结束。他的军队围攻了几个月，城堡里的食物越来越少，玛蒂尔达的处境变得十分危险。就在圣诞节前的一个深夜，她裹着白色斗篷，在大雪的掩护下仓惶逃跑了。她的驻军第二天就投降了，不过这仍然没有打破无政府状态的僵局。

最终，一位男性继承人的到来结束了这场英格兰王位争夺战。这位继承人就是玛蒂尔达和若弗鲁瓦五世的长子——未来的亨利二世，英格兰最著名的国王之一。他具备金雀花家族所有的典型特征：金红色的头发、暴躁的脾气以及对扩大权力和领土无休无止的欲望。

在亨利二世的继任者中，有历史上臭名昭著的英格兰国王——狮心王理查（Richard the Lionheart）、坏国王约翰（the Evil King John）以及杀害侄子的理查三世。自相残杀和内部斗争就是金雀花王朝的特点。

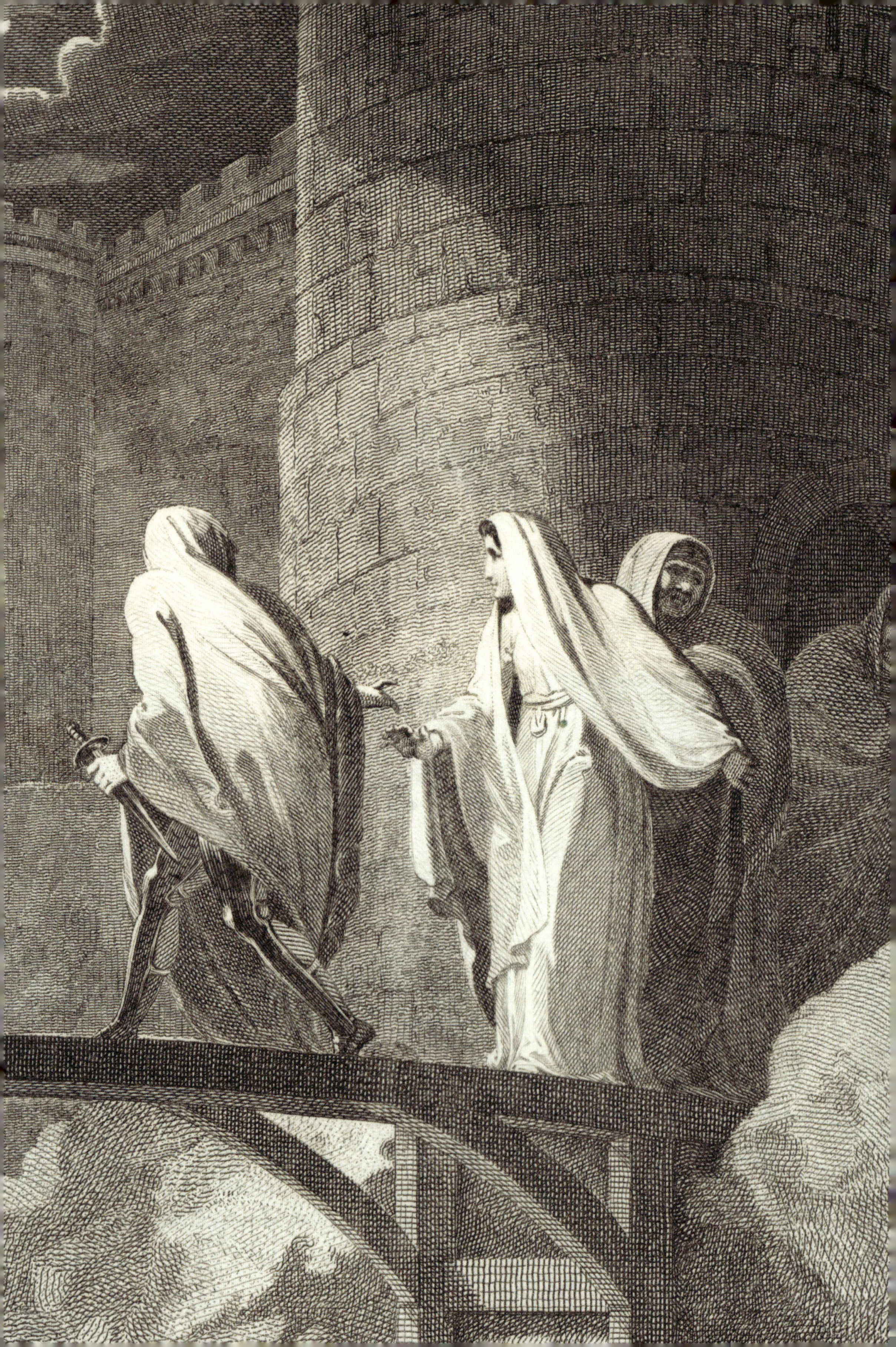

众所周知，亨利二世的儿子们曾向他们的父亲宣战，在亨利二世开口谈条件时，他们差点儿就用箭射死了他。当亨利二世把他的王国交给理查时，他咆哮着说希望上帝能给自己足够长久的生命来报复这个儿子。

亨利二世去世时身心俱疲，但他是金雀花家族中少数几个自然死亡的成员之一，其实这里面也没有多少人像英雄一样战死沙场。痢疾是国王和平民的头号杀手。此外，14世纪暴发的黑死病是中世纪最具破坏性的疾病，黑死病导致英格兰的死亡人数超过了总人口的四分之一，也夺走了英王爱德华三世（Edward III）女儿们的生命。

爱德华三世是一位浪漫的战士国王，他培养了全国人民对亚瑟王传说的痴迷，由此产生了追求骑士精神的理想。他还举行了盛大的骑士比武大会，俗称"圆桌骑士赛"，随后便率领他的军队向法国开战。在克雷西（Crécy）战役中，这位国王利用数千名长弓手给敌方造成了极其严重的伤害，这种新的军事战术使英格兰军队及其所持圣乔治旗一度成为欧洲最令人恐惧的符号。

圣乔治旗和三只金狮盾徽只是金雀花王国发展的众多象征中的两个。在金雀花家族统治时期，他们改变了英格兰的文化和政治面貌：建造了宏伟的城堡和哥特式大教堂，创建了国家议会和司法体系，使英语而不是法语或拉丁语成为政府的官方语言。

然而，这些遗产掩盖不了金雀花王朝黑暗的统治及昭彰的恶名。相反，它们见证了一个充满谋杀、疯狂、背叛和内战，却令人难以抗拒的王朝传奇。金雀花王朝的君主没有几个是贤良国王或正人君子，但他们却是令人难忘的怪物。

对页图　玛蒂尔达在深夜仓惶逃离牛津城堡。

下图　所示为英格兰王室盾徽，最早于公元12世纪被金雀花国王采用。

跨页图　金雀花王朝时期建造的许多伟大城堡至今仍屹立不倒。图为亨利二世建造的多佛城堡，它是英格兰最大的城堡。

从 12 世纪的无政府时期到 1485 年理查三世被杀，这期间发生的一系列罪行与暴政最终导致金雀花王朝统治的结束。

这些事件包括：亨利二世手下的骑士谋杀了坎特伯雷大主教托马斯·贝克特（Thomas Becket）；亨利三世和西蒙·德·蒙德福特（Simon de Montfort）之间的纷争持续了二十五年，最终致使蒙德福特的尸体受到了残忍的凌辱；爱德华二世和皮尔斯·加弗斯顿（Piers Gaveston）的爱恋，据说是以爱德华二世死于一根烧红的拨火棍而告终。理查二世的暴政引发了玫瑰战争，这场战争的命名是英格兰

右上图 博斯沃思（Bosworth）战役后，亨利七世在圣保罗大教堂的祭坛上放上了威尔士王室旗帜。金雀花王朝的最后一位国王理查三世在这场战役中身亡。

民族血战史上最具诗意的命名。

玫瑰战争使金雀花王朝又回到了原点：这个王朝的统治开始于一场内战，结束于另一场内战。结局和开始同样残酷，这也许是对金雀花王朝的一个恰当总结。狮心王理查曾经说过："我们从恶魔中诞生，也将变成恶魔。"这就是他的家族——金雀花家族，他们都是由恶魔安茹伯爵夫人繁衍的王室后代。

HENRY II

第一章

亨利二世

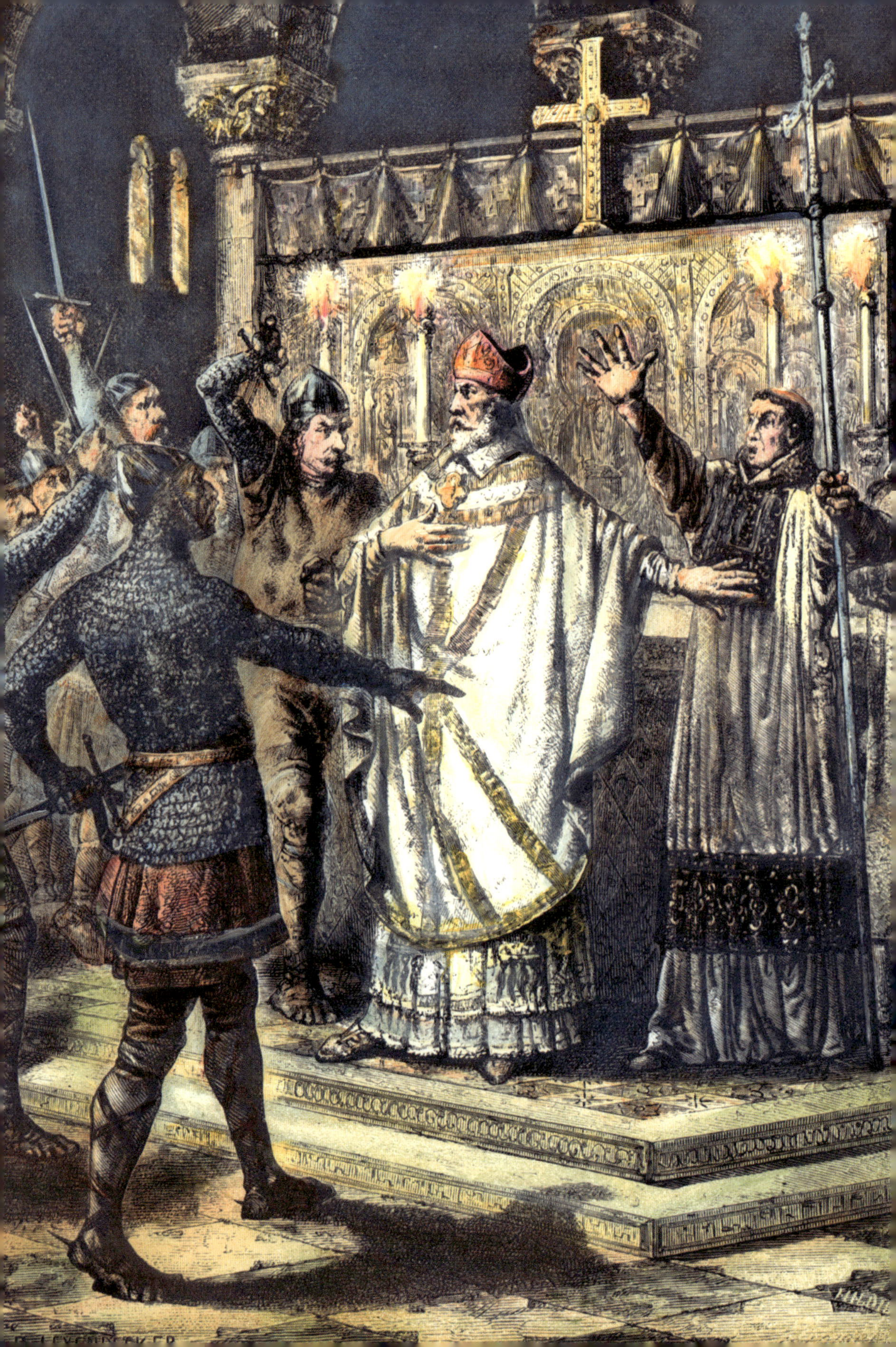

THE
PLANTAGENETS

国王亨利二世因为谋杀坎特伯雷大主教托马斯·贝克特而被后人铭记。不知是有意还是无意，亨利二世曾大喊道："难道没有人能帮我除掉这个胡闹的教士吗？"于是，他手下的四名骑士冲进坎特伯雷大教堂杀死了大主教，而此次谋杀也让他声名狼藉。

    金雀花王朝的第一任国王实际上从未说过那句关于"胡闹的教士"的话。不过，那时亨利二世非常生气，在漫长的晚宴之后，他喝得酩酊大醉，且已精疲力竭。事实上，他当时说的话也已经够吓人的了，据说他咆哮道："我的宫廷里养的都是些多么可鄙的懒汉和叛徒啊！居然听任他们的主人承受这样一个出身卑贱的教士如此羞辱！"

    贝克特确实没有贵族血统，他是一个伦敦商人的儿子。他在亨利二世的宫廷中迅速晋升至英格兰教会的最高职位后，其政治生涯便逐渐走向没落。这对于那四名骑士来说并不重要，他们听见了亨利二世的愤怒声讨，并认为这是他们的主人在直接下达命令。于是，他们立即从诺曼底布雷斯（Bures）的王宫出发，疾驰前往坎特伯雷，几天后便到达了大教堂。

    1170 年 12 月 29 日的黄昏时分，贝克特正待在内室里，这些全副武装的骑士便冲进了他的房间。一场争斗就此爆发，贝克特想要躲避，便急忙说要离开去听晚祷。但那些愤怒的骑士跟着他进入了大教堂，还试图把他拖到外面。贝克特一边抵抗一边喊道，如果他们想施暴，就必须在圣地上动手。说完，他就死死地抓住附近的一根柱子，拼命反抗起来。

    然后那四名骑士拔出剑，其中一名骑士的剑刃刺中了贝克特，"想跑！你死定了！"他对贝克特说这句话时，另一名

对页图 坎特伯雷大主教托马斯·贝克特在大教堂里遭到四名骑士的围攻，他们因杀死贝克特而出名。

金雀花王朝

骑士往他的头上打了一拳，瞬间，贝克特满脸是血，跪倒在地。随后又一骑士用力将剑挥向贝克特，砍掉了他的头盖骨，剑刃撞在石板上撞得粉碎。其余骑士则继续对着倒下的贝克特发泄。完事后一位骑士向同伴们喊道："骑士们，我们走吧，他不会再站起来了。"

教会的神职人员站在附近，惊愕失声。这些人将此暴行迅速上报给欧洲大陆的基督教廷，英格兰内外一片哗然。随后，所有人都对亨利二世的这一行径表示了厌恶与谴责。早些时候，路易七世（Louis VII）的前妻埃莉诺（Eleanor）改嫁给了亨利二世，因此这位法兰西的国王对亨利二世恨之入骨，要求对其进行"前所未有的惩罚"。路易七世写道："让圣彼得之剑释放出来，为坎特伯雷的殉教者报仇吧！"

贝克特在三年后才被追封为圣徒，但他的殉教立即成为坎特伯雷的热点。坎特伯雷的一些教士预见到贝克特死后会被封圣的可能性，于是立即开始售卖他的血液，生意十分兴隆。他们将收集起来的血用大量水稀释成一种号称神奇的液体，将该液体装在特制的铅制小瓶子里出售，瓶上写着："圣托马斯之水，可以消除一切虚弱和疼痛，治好的人尽管吃喝，邪恶和死亡都会过去。"

对页图　亨利二世继承了金雀花家族的金红色头发和易怒的脾气，是出了名的暴脾气。

下图　贝克特之棺，制作于12世纪，是一个珐琅彩铜合金圣骨匣，表面描绘了大主教被刺杀的场景，其内已空空如也。

对于那些买不起"贝克特之水"的人来说，可以去买印有大主教肖像的胸针和别针。人们对贝克特产生了一种狂热崇拜，患有"神秘疾病"如口腔溃疡和四肢肿胀的朝圣者，纷纷长途跋涉前往他的墓地朝圣。乔叟（Chaucer）的《坎特伯雷故事集》(The Canterbury Tales)就是以这些朝圣者为原型创作的小说集。任何没有通过"贝克特之水"得到奇迹治愈的病人，会被告知这是由于他们从出生就缺乏稳固的信仰。没有什么能阻挡众多朝圣者的脚步，也没有什么能阻拦贝克特殉教的宣传，很快他被杀的消息便传遍了四方。

讽刺的是，亨利二世似乎和其他人一样，对贝克特的死讯感到震惊，毕竟他们两人曾经是最亲密的朋友。但更重要的是，亨利二世非常清楚这起谋杀案的后果，那就是他将就此遭到众人唾弃。他在床上躺了三天，不吃不喝，然后为了避开人们的关注，便动身前往西欧最偏远的角落——爱尔兰。

亨利二世的开始

从诺曼底公爵、安茹伯爵亨利在二十一岁登上王位的那一刻起，英格兰的王权就开始经历一次又一次的考验。亨利二世同他的父亲安茹伯爵若弗鲁瓦一样，有着金红色的头发、暴躁易怒以及报复心强的个性。亨利二世在一次暴怒中，"扔下帽子，解开腰带，脱掉斗篷和长袍，扯掉沙发上的丝绸罩子，接着像坐在粪堆上一样坐下来开始大嚼麦秆"。

易怒善变是金雀花王朝历代国王的共同特点。一方面，亨利二世极富魅力，具有中世纪王室成员应有的智慧和礼貌；另一方面，如果他认为自己的权威受到了威胁，就会把自己装扮成猎人模样，迅速展开暴力攻击。

野心勃勃的亨利二世从小时候起，就被母亲玛蒂尔达敦促为夺取与生俱来的英格兰王权而努力奋斗。

上图 托马斯·贝克特头像徽章是一种常见的纪念品，被出售给前来坎特伯雷大教堂朝拜贝克特神龛的朝圣者。据说这种徽章能够治愈病人，还能证明买到它的朝圣者已经完成了此次朝圣之旅。

易怒善变是金雀花王朝历代国王的共同特点。

对亨利二世的描述

同时代人对亨利二世的描述来自布雷肯（Brecon）副主教、威尔士史学家杰拉尔德（Gerald），他写了一本《爱尔兰征服记》（*Expugnatio Hibernica*），记载亨利二世1171年征服爱尔兰的历史。尽管这本书有些溢美之词，但它的确证实了亨利二世精力充沛、难以安稳的说法。

"英格兰国王亨利二世面色微红，长着雀斑，有一个圆圆的大脑袋，愤怒时其灰色的眼睛闪着凶光、布满血丝，声音刺耳且沙哑。他的脖子有点儿从肩膀往前伸，胸膛宽阔厚实，双臂强壮有力……亨利沉迷于无限的追逐。天一亮，他便骑马横穿荒野、越过丛林再登上山顶，就这样度过了那些不安的日子。晚上他回到宫廷后，很少看到他在晚饭前或晚饭后坐下。经过这样累人的折腾之后，他还会一直站着，把整个宫廷的人都弄得疲惫不堪。"

——杰拉尔德《爱尔兰征服记》

下图 亨利二世国王的国玺，展现了亨利二世坐在王座上以及骑在马背上的画面。亨利二世对骑马长久的热爱导致他的腿变成了罗圈腿。

在妻子阿基坦（Aquitaine）的埃莉诺身上，亨利二世看到了一个同样有野心的"自己"。他们的结合给双方都带来了巨大的财富，但也是那个时代最大的王室丑闻之一。

在中世纪，公主的传统作用就是通过出嫁来促成两大家族的结盟。这样可以增加双方的财富和资产，或以其他方式弥合此前冲突所致的裂痕。不过，埃莉诺是一个少有的集敏锐头脑与迷人美貌于一身的女人，以至于中世纪的大学生在酒馆里经常传唱与她有关的下流歌曲。埃莉诺在阿基坦的领地覆盖了法国西部的大片土地，对于任何一个王室追求者来说，这些土地本身就足够珍贵了。简而言之，埃莉诺就是12世纪最受欢迎的人物。

法兰西国王路易七世不失时机地抢先迎娶了埃莉诺,但这段婚姻让他们都感到很失望。埃莉诺给路易生了两个女儿,但却没能生出一个他所需要的男性继承人。此外,埃莉诺是一个争强好胜、奢侈无度的王后。相比之下,路易衣着单调,饮食简单。埃莉诺曾说过:"我嫁给了一个修士,而不是一位君主!"最终,埃莉诺向路易提出了解除婚姻关系的要求。令路易备感羞辱的是,埃莉诺很快就骑马赶到了她下一任未婚夫亨利的身边。这趟行程非常危险,因为有几个贵族打算半路绑架埃莉诺并强迫她嫁给自己,这是因为她的嫁妆太让人心动了。埃莉诺与亨利的婚姻带来了与金雀花家族实力相配的经验和目标:埃莉诺三十岁,亨利十九岁,两人都想拥有整个世界。他们合并后的领地加上后来被亨利征服的领地,意味着这对夫妇统治了一个从苏格兰山麓延伸到比利牛斯山脉的王国,这代表着金雀花王朝实际统治的巅峰。然而,埃莉诺的野心却成了亨利的祸根。

尽管如此,当亨利登上英格兰海岸,夺取了英格兰王位,并平息了该国将近二十年之久的内战时,他肯定感到宽慰的

下图 亨利二世和埃莉诺在前往伦敦参加加冕仪式的途中,骑马路过温切斯特。

是彼时埃莉诺坚定地站在了自己身边。那时的英格兰并不是一个特别理想的登陆地。亨利率领一支由约三千名步兵和一百五十名骑士组成的小型军队，在威尔特郡（Wiltshire）的马姆斯伯里（Malmesbury）登陆，这是一个忠于他的敌人斯蒂芬国王的小镇。

因亨利在冬季横渡英吉利海峡的过程中遇到了许多困难，他带着愤怒的心情向马姆斯伯里进军。经过三年的围攻，那座城镇本身已毁了大半。正当亨利计划如何摧毁它时，精疲力竭的当地居民不得不再次奋起保卫他们的城镇。描写斯蒂芬国王事迹的历史书《斯蒂芬征战记》（*The Gesta Stephani*）记述了这一事件：

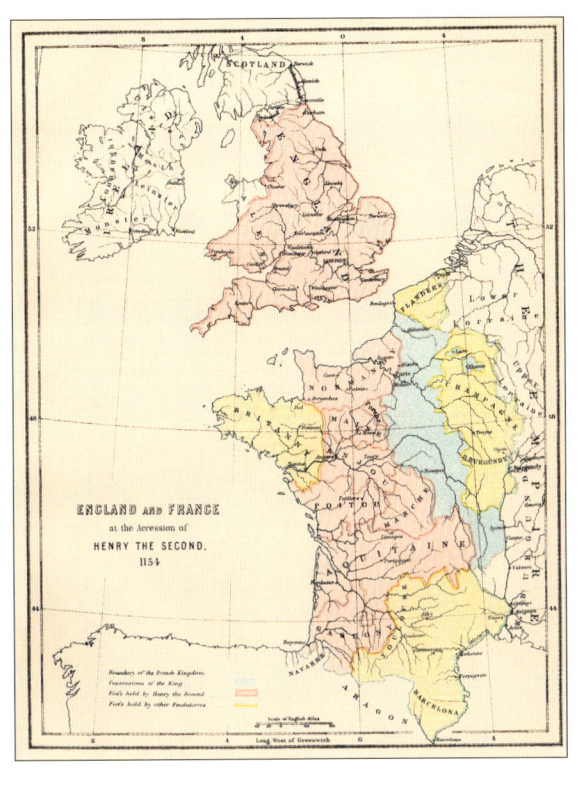

上图 这张地图展现了亨利二世夺取英格兰王位后金雀花王国的版图。

> 于是，（亨利）公爵召集军队，贵族们蜂拥而至，争相加入他的队伍，他立即带领大家向斯蒂芬国王统治下的马姆斯伯里城堡进发。在一群平民飞快地跑到城墙周围，准备保卫其城镇时，亨利命令步兵——他带来的最残忍的人——发起进攻。一些步兵用弓箭和重石攻击防御者，另一些则全力摧毁城墙。
>
> 马姆斯伯里被攻陷后不久……瞧，（斯蒂芬）国王率领着很多由各地支持者集结的兵力抵达该镇，似乎要与公爵展开一场激战。双方军队隔着河流排列成队，一切已安排妥当，公爵深思熟虑后决定拆除城堡。这既是因为身处河流、山谷等地势险要处，他们无法加入战斗；又是因为当时正值严冬，这些地区都发生了严重的饥荒。

下图 亨利和斯蒂芬隔着泰晤士河会面。他们的协议让亨利在不到一年的时间内加冕为英格兰国王。

严重的饥荒、内战同严冬构成了一幅凄凉的、支离破碎的英格兰图景。这个四分五裂、无人掌权的国家，无比渴望和解与统一。亨利深知这一点，所以他采用了外交手段而不是流血战争，获得了英格兰人的支持。首先，他把雇佣兵遣送回国，这是因为英格兰人痛恨这些在无政府时期抢劫、侵扰和杀害了许多英格兰人的外国士兵。接着，他邀请斯蒂芬来谈判，这样做更多是出于必要而非诡计。斯蒂芬预计亨利将在沃林福德（Wallingford）城堡而不是在马姆斯伯里发起进攻，于是他带领军队赶到两座城堡之间，行军路程为八十千米。

斯蒂芬到达马姆斯伯里的时候，其军队的士兵已被凛冽的寒风吹得浑身冰凉，个个疲惫不堪，许多人连长矛都握不住了。他们的人数虽比亨利的人数多，但没有人想再战斗下去了。这场内战的硝烟几乎已燃烧殆尽了，最后，斯蒂芬同意与亨利进行谈判。他们的协议《温切斯特条约》（Treaty of Winchester）承诺亨利可以成为英格兰国王，这是他与生俱来

的权利，但只有在斯蒂芬死后才能兑现。结果证明这是天意，不到一年，斯蒂芬就抱怨"他的肠子剧烈疼痛并伴有血流"，不久就死去了。1154年12月19日，亨利在威斯敏斯特教堂由埃莉诺陪伴着加冕为王。

国王亨利二世

当上了英格兰国王的亨利二世仍有很多事情要做。在斯蒂芬统治时期，他把许多城堡、城镇和土地送给了外国领主，以回报他们提供的武力支持。亨利二世上位后，下令驱逐所有得到恩惠的外国雇佣兵，尤其是可恨的佛兰芒人（Flemish）。此外，他开始拆除许多非法搭建的城堡，那些都是在无政府时期涌现出来的。随后，亨利二世与其他密谋叛乱的贵族展开了正面交锋。

其中最有名的贵族是休·德·莫蒂默（Hugh de Mortimer），他拥有包括威格莫尔（Wigmore）城堡在内的四座城堡，他本人拒绝宣誓向亨利二世效忠。于是，亨利二世率军前往威格莫尔城堡，但他没有下令进攻，这又一次展现了他的外交手腕。

亨利二世只是在城堡外停留了片刻，就让惊慌失措的莫蒂默举起了白旗。因此，亨利二世并没有惩罚这位贵族。

下图 威格莫尔城堡遗址，原是叛乱贵族休·德·莫蒂默的据点。莫蒂默在不用流血的情况下宣誓向亨利二世效忠。

相反，他离开军队进入了城堡，然后又径直返回来。亨利二世向莫蒂默和其他意图谋反的贵族传达了一个明确的信息：他是国王，在英格兰拥有绝对的控制权。

展示武力是一种有用的临时措施，还需要一个更系统的战略来保障国家的持久稳定。亨利二世必须找到一种既能取悦贵族又能驯服他们的方法。为此，他组建了一支全新的军队——一支由律政书记官组成的军队。法律成为亨利二世集权的武器，他让英格兰各郡的巡回法官司法。在此之前，司法一直属于郡长的职权范围。英国法律本身就是一个大杂烩，是由诺曼人为压迫英格兰人创建的各种规则和盎格鲁-撒克逊人制定的古老习俗组建而成的法律。

为了执行亨利二世的审判，巡回法官（也就是巡回审判官）到达城镇或村庄的时候，会在郡长和其他政要的陪同下沿着大街行走，然后坐在当地的法庭里旁听案件的审理。之后，法官们再回到他们位于伦敦威斯敏斯特大厅的总部，与在该国其他地区从事司法工作的同事交换意见。这些对罪行的讨论和惩罚奠定了一套共同的法则或先例，旨在确保司法的一致性。这一套共同的法则或先例就是后来众所周知的普通法。

法官的职责之一是解决土地纠纷。土地纠纷在12世纪的英国很常见，当时的英国还处于农业社会，其核心利益纷争在于对耕地的管辖权。对于这些案件，法官会委派十二名男子协助办案并让他们提供建议——这就是陪审团的由来。此后，陪审团审判取代了以往解决纠纷的方式，即不再采用决斗审判和神明裁判。在改革的进程中，亨利二世自发地建立了一套法律体系，由此形成的法律基础至今仍在英国和美国发挥作用。

亨利二世进行的法律改革没有一项是为了国民的公共利益，他只是为了控制民众、填补国库。因违法而收缴的罚款和其他款项直接归亨利二世所有，贵族和其他富人被认为理应上交给国王一笔钱。因此，在亨利二世的法律改革中，他成功将贵族置于王室的控制之下，

> 在改革的进程中，亨利二世自发地建立了一套法律体系，由此形成的法律基础至今仍在英国和美国发挥作用。

同时也使王室获取了巨大利益。然而，他的司法改革却未能触及教会，后者长期以来一直在与欧洲君主争夺权力。

12 世纪，近六分之一的英格兰人是神职人员。许多人穷困潦倒、缺乏教育甚至大字不识，但他们都受到教会保护，免受刑事处罚。换言之，如果神职人员犯有偷窃、强奸、致残或杀人罪，将接受所属教会的教皇法庭的判决，而教会的宽大处理也为教会赢得了良好的声誉。神职人员不遵守新法律的行为激怒了亨利二世，他认为这是对他王权的蔑视。所以，他必须处理教会。

1161 年，随着坎特伯雷大主教西奥博尔德（Theobald）的去世，一个机会出现了。为了消除王室和教会之间的隔阂，亨利二世决定任命自己的亲信为大主教。这个职位的最佳人选当然是他的密友兼重臣，也就是后来被他所杀的——托马斯·贝克特。

下图 一幅作于 12 世纪的绘画作品，描绘了戴着镣铐的囚犯们在等待审判的情景。

审判类型

左图 村民在执行冷水审判。对被告人而言,这种审判很少有好结果。

决斗审判和神明裁判是由盎格鲁-撒克逊人引入的审判方式,让上帝决定一个人是否有罪。在被告人没有其他证据(如目击者的证词)的情况下,法官通常会对其采用神明裁判。这类审判共有三种形式:借助沸水或热铁、冷水以及圣饼的裁断,由神父在教堂内当众进行这些审判。

在沸水审判中,被告人要将手伸入沸水锅底捞取一块石头;在热铁审判中,被告人要手握一块烧红的铁条走一段特定的距离。在这两种考验中,如果三日后,被告人的伤口愈合而不是溃烂,则被告人被视为无罪。

在冷水审判中,被告人的手脚被捆绑后,接着被扔进溪流、池塘或圣水中。如果被告人浮出水面,则被宣判有罪;如果他们沉到水底,则被宣判无罪。

圣饼审判是一种相对温和的审判方式,用来检验神职人员是否有罪。被告人要吞下一块面包,如果他们被面包噎住,那么就是上帝在表明其是有罪的。

决斗审判是诺曼人常用来解决土地或金钱纠纷的审判方式,矛盾双方进行一场决斗,据说胜者是受上帝青睐的那一方。败者如果还活着,作为惩罚其往往会被处死。

巴黎之行的队伍

左图 托马斯·贝克特走在他那支豪华的队伍前面，他们正穿过法兰西岛，往巴黎的方向前进。

　　威廉·菲茨斯蒂芬（William Fitzstephen）是大法官贝克特的传记作者兼旅游同伴，他曾对贝克特的一次巴黎之行进行过描述。在那次出行中，贝克特领着一支由驮马、马车及仆人组成的盛大队伍进入巴黎，还给国王路易七世带了各种礼物，包括珠宝、衣服甚至猴子。这趟出行其实是一场宣传噱头，由亨利二世出资，贝克特实践，旨在让所有目睹此行的人都惊叹不已。

　　八辆马车运载着这次旅途所需的一切用品，每辆车都配有五匹良种马，每匹马的前面都有一个"身穿新衣"的马夫，他们牵着马往前行进……一辆马车专门用作大法官的礼拜室，一辆为卧室，一辆为储藏室，一辆为厨房。另一些马车装着粮食，还有一些马车则运着众人的行李。其中还载了二十四套衣服，以及许多毛皮和地毯作为礼物。这壮观的队伍里还有十二匹驮马和八个大箱子，箱子里装有大法官的金银餐具、大量钱币以及"一些书籍"……二百五十名年轻的英国人在前头带路，每六人或十人或更多数量的人结成一排，一边唱着英格兰民歌，一边走进法兰西村庄……最后是大法官本人，他在好友的簇拥下走了进来。"光是个大臣就这么威风，那么英格兰国王又会是怎样的架势呢？"一个法兰西人路过时感叹道。

　　——威廉·菲茨斯蒂芬《圣徒托马斯·贝克特的生平与死亡》

下图 托马斯·贝克特与亨利二世交谈。图画出自彼得·朗托夫特（Peter Langtoft）于13世纪所著的《编年史》（Chronicle），这是一本记述英格兰历史的书籍。

浴血兄弟

从见面的那一刻起，贝克特就给亨利二世留下了深刻的印象。当时，贝克特是西奥博尔德大主教的一名文书，亨利二世很快被他自信而务实的工作态度所打动。众所周知，两人后来成了好友，经常一起狩猎，一起饮酒。没过多久，贝克特便被亨利二世任命为大法官。

这是一对截然不同的好友。贝克特身材高大、头发乌黑、皮肤白皙、鼻子很长，尽管他出身普通，却把自己塑造成了一个富有的贵族人士，在王国占有举足轻重的地位。贝克特的贵族作风是身材矮小、面色红润的亨利二世的完美陪衬，这位国王讨厌王室庆典和宫廷仪式，实际上，他讨厌任何一件有可能让他坐着不动的事务。

亨利二世曾取笑过贝克特的华丽衣着。有一次，两人骑马经过伦敦满是积雪的街道，看到一个乞丐在路边冻得瑟瑟发抖。亨利二世转身对贝克特说道，要是能给这个乞丐一件暖和的斗篷，岂不是做了件善事。贝克特表示同意后，亨利二世就一把扯下贝克特身上的斗篷，扔给了那个乞丐。亨利二世很喜欢惹恼自傲的贝克特，他会骑着马闯进贝克特家的餐厅，然后从马鞍上跳下来，坐下就开吃。不过，亨利二世也很乐意让他的大法官朋友来负责宫廷庆典，而贝克特在这方面也做得非常出色。

从贝克特对权力和物质财富的追求来看，他对浮华之物有着很浓厚的兴趣。鉴于此，英格兰的许多神职人员认为贝克特不适合担任坎特伯雷大主教。这种看法或许是可以理解的，因为贝克特并不会完全采用修道院的方式来开展

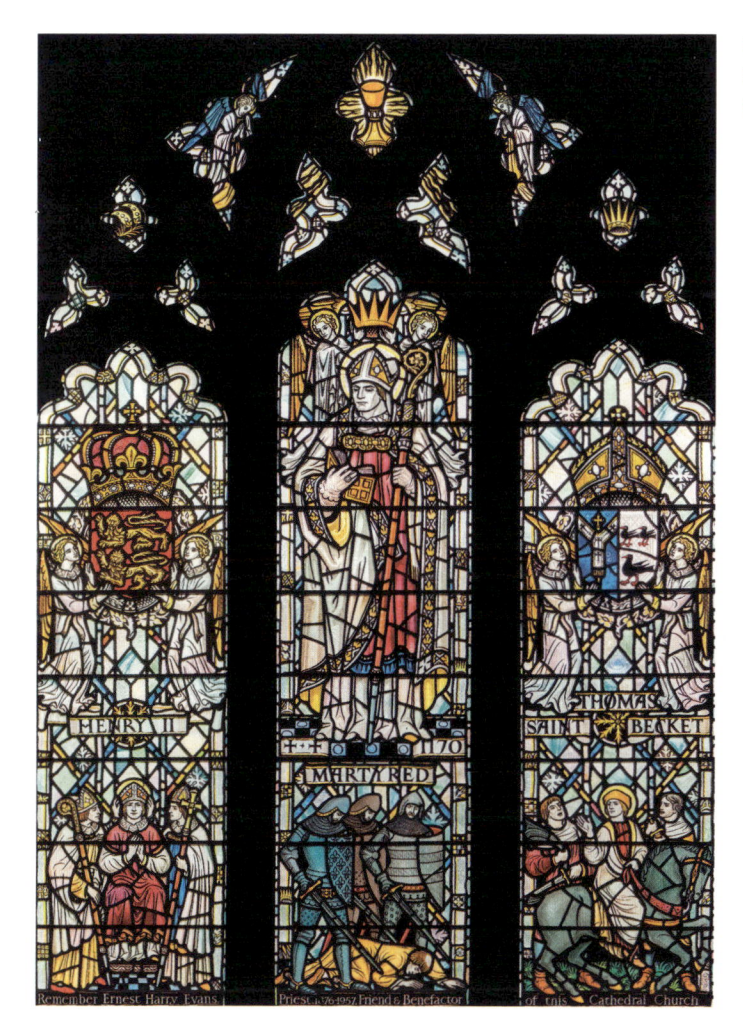

左图 圣大卫大教堂的彩绘玻璃窗上的托马斯·贝克特形象。

管理工作。此外，大家反对这一任命还因为其他一些原因，比如：贝克特的学术水平很低，与国王的关系过于亲密，从各方面看来都世俗之极，他在为西奥博尔德工作期间曾口头辱骂过其他修士。其实，甚至连贝克特自己也不确定他是否有资历接任该职位。不过，这位大法官是一个雄心勃勃的人，做事绝不半途而废，如果国王希望他担任大主教，那么他就会服从，而且还会将之作为毕生的事业。

贝克特的批评者倒不担心他对宗教的虔诚度，当亨利二世任命他为大主教时，他是满怀热情地接受自己的新角色的。首先，贝克特辞去了大法官一职，他觉得这两个职位显然会有冲突。辞去大法官的职位后，他之前带到巴黎的二十四套丝绸服装以及其他布料制成的衣服对他来说可能都不那么重要了。从此，他过上了艰苦朴素的生活，正如威廉·菲茨斯蒂芬所描述的那样："他穿着一件质地最糙的苦行衫，

衣衫长到膝盖，上面爬满了虱蚤。他用最差的伙食来折磨自己的肉体，日常饮用的东西是用来煮干草的水……他会吃一些放在他面前的肉，但主要以面包为食。"

此外，贝克特每日都在他的房间里给十三名乞丐洗脚，还会定期自我鞭笞，直到流血为止。他接济贫民并为贫民提供衣物，还去生病的修士的房内看望他们。面目全新的贝克特很快就成了亨利二世最可怕的噩梦。作为亨利二世的朋友兼盟友，贝克特曾在宗教法庭上拥护过亨利二世，可是后来他却经历了一件不可思议的事：他自称见到了上帝。

如今，贝克特会公然违抗任何一个可能剥夺教会权力的敕令。只要教会受到一丝威胁，他就会对国王发起一番猛烈的抨击。他还拒绝让神职人员在亨利二世新建的王室法庭内接受审判，但亨利二世下定决心要让教会屈服。当亨利二世得知自他

跨页图 托马斯·贝克特认真履行其作为坎特伯雷大主教应尽的职责：身穿苦行衫，每天都给乞丐洗脚。

下图 托马斯·贝克特拒绝签署《克拉伦登宪法》，这是亨利二世诱骗他同意的宪法。

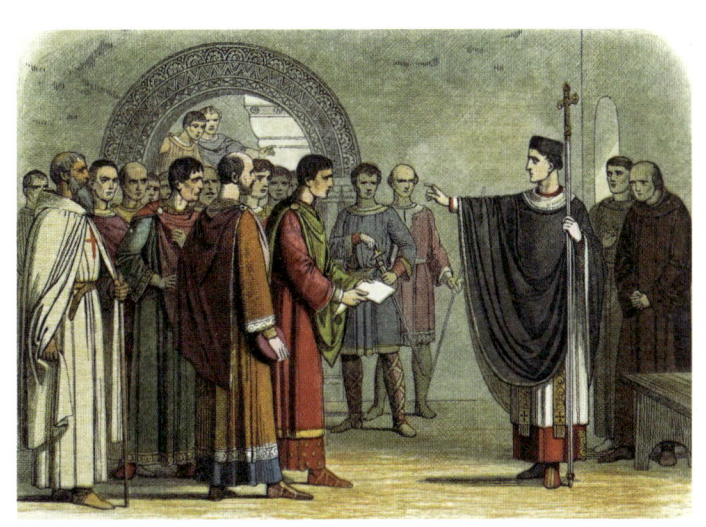

即位以来，已有一百多名神职人员犯下了谋杀罪，但没有一个人受到惩罚时，他感到非常愤怒。

于是亨利二世起草了《克拉伦登宪法》（*Constitutions of Clarendon*），希望借此划清教会与国王的职权范围界限。这份文件包含十六项条款，明确表示了国王的法令适用于所有国民。随后，亨利二世要求所有的教会领袖都要宣誓遵守此法，但贝克特却拒绝宣誓，这成为教会与王权之间的一场斗争。

亨利二世收回了贝克特任大法官时赠予贝克特的所有城堡，并请求教皇亚历山大约束贝克特。亨利二世认为贝克特应该遵守"王国的一切法律和习俗"，教皇对此表示同意。然后，亨利二世便要求与贝克特见面，一起讨论教皇的指令。在经历亨利二世几小时的威胁、发怒和恐吓之后，贝克特终于做出了让步。这其实是亨利

对页图 路易七世期待加入亨利二世的儿子们对其父发动的叛乱。此图展示的是他在托马斯·贝克特墓前祈祷的情景。

下图 小亨利继承了英格兰王位,但被亨利二世剥夺了所有实权。他在对父亲发动叛乱后死亡。

二世给贝克特下的一个圈套。第二天,贝克特就收到了一份宪法抄本,是他此前在毫无准备的情况下签字同意的《克拉伦登宪法》。

亨利二世对贝克特的报复还没结束。他指控贝克特在担任大法官期间贪污,并准备启动司法程序。贝克特是最早在王室法庭接受审判的神职人员。当时,他背着一个大十字架,骑马进入了议事厅。他手下的几位主教见状,便试图从他身上夺走十字架,还跟他说道:如果国王也挥舞着剑,那么你们之间就绝不可能和解。贝克特没有留在法庭听取判决,而是拂袖而去,逃离了英格兰。他乘坐一艘小船,冒着暴风雨强渡英吉利海峡,到法兰西寻求路易七世国王的庇护。在那里,贝克特继续过着苦行生活来惩罚自己。他会在冰冷的溪水中站上好几个小时,即使被喉咙里的脓肿折磨了很久也不去治疗。

几次和解失败后,亨利二世对贝克特进行了蓄意侮辱。1170 年,小亨利成为名义上的继任国王,但为他加冕的并不是坎特伯雷大主教,而是约克大主教。作为报复,贝克特将约克大主教以及所有参与加冕仪式的教士都驱逐出教。对亨利二世来说,这次加冕风波成为他与贝克特之间彻底无法和解的最后一根稻草。

家族的背叛

1170 年 12 月 29 日,四名骑士闯进坎特伯雷大教堂,杀死了贝克特。此后,这场谋杀案多次浮现在亨利二世的脑海中。不过并没有任何确切证据表明他与此谋杀有关。不管亨利二世是否与谋杀有关,贝克特之死都引发了一系列灾难性事件,这些事件不

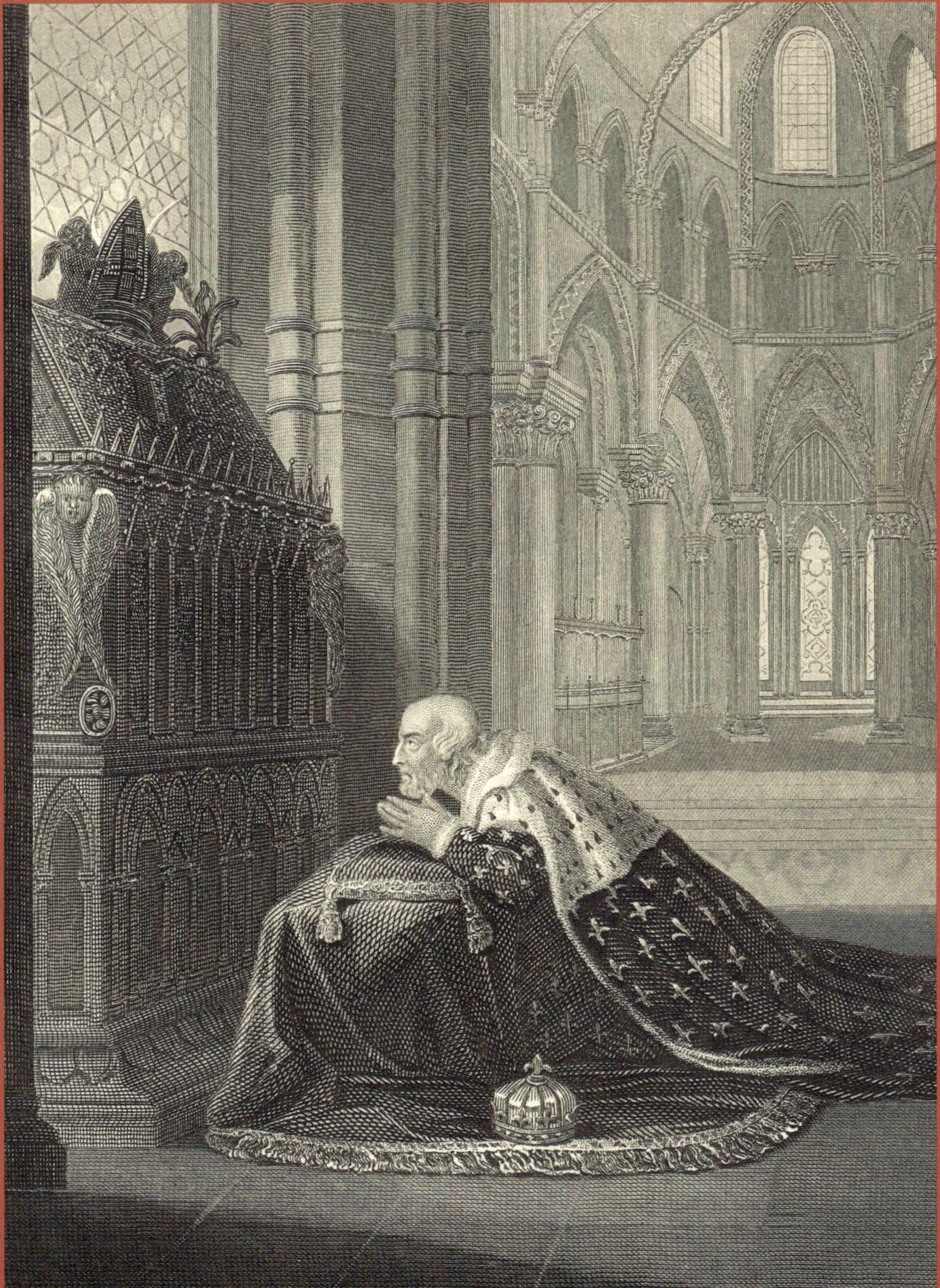

仅摧毁了亨利二世的家族，而且使整个金雀花王朝都岌岌可危。

当时，亨利二世在几个继承人选中徘徊不定，有小亨利、理查、杰弗里（Geoffrey），还有最后出生的约翰。最后，小亨利成为名义上的英格兰国王、安茹伯爵、曼恩伯爵以及诺曼底公爵。亨利二世则把其余土地和爵位封给了他的另外两个儿子，理查获得阿基坦公国，杰弗里获得布列塔尼公国。由于亨利二世已经将土地分配完毕，所以小儿子约翰没有得到任何土地。说到亨利二世的儿子们，用"有其父必有其子"这句话形容他们再恰当不过了。这几人都和他们的父亲一样，全都精力充沛、雄心勃勃、喜欢争吵，无法达到目的时就会大发雷霆。

亨利二世为了逃避自己因贝克特之死而饱受的谴责，离开了小亨利，选择出征爱尔兰。父亲的逃离使这位英格兰王储首当其冲地承受着世人对金雀花家族的羞辱，他当时觉得自己的处境十分糟糕。小亨利基本上被剥夺了国王所应拥有的一切东西：他既没有土地，也没有收入。然而，他既虚荣又贪婪，为了维持奢侈的生活让自己负债累累。更糟的是，亨利二世将劳登（Loudon）、米雷博（Mirebeau）和希农（Chinon）城堡送给了他最喜爱的儿子——年仅六岁的约翰，这些城堡是安茹公国的至高荣耀，理应归于身为安茹伯爵的小亨利。不满父亲如此做法的小亨利决定进行报复，他与法王路易七世结盟，骑马前往巴黎密谋反叛。

路易七世对亨利二世恨之入骨。尽管亨利二世是法王路易七世的封臣，但是他却拥有比路易七世更多的金钱、土地和权力。他还偷偷与路易七世的前妻埃莉诺结婚，两人婚后生了好几个男性继承人——这是路易七世未能做到的事。亨利二世好像总喜欢拿这件事来羞辱路易七世，而且贝克特招摇的巴黎之行也是亨利二世授意的恶意之举。因此，对于法王路易七世而言，没有什么比推翻亨利二世更让他满意的了。

小亨利并非孤军作战，他的兄弟杰弗里和理查随后也来到巴黎加入他的计划。而这些年轻王子身后的主谋正是他们的母亲埃莉诺。她与儿子们一起密谋反抗亨利二世无疑犯下了叛国罪，与法王路易七世结盟是对亨利二世的宣战，实际上也是宣告她婚姻的终结。埃莉诺决定从阿基坦出发奔向巴黎找路易七世联手，可女扮男装的她途中被亨利二世的手下认出，直接就被抓了回去，亨利二世便知道了这场阴谋。

随着敌人纷纷从暗处涌出来加入反抗亨利二世的队伍，法兰西和英格兰这两块土地上便战争不断，造成了许多流血伤亡事件。最严重的流血事件发生在不列颠群岛，英格兰贵族与苏格兰国王威廉一世联盟，他们雇来了可怕的佛兰芒雇佣兵，以协助他们展开屠杀。埃莉诺被俘后，亨利二世试图规劝他的儿子们停止叛

被抛弃的埃莉诺

左图 阿基坦的埃莉诺在中世纪女性中是叛逆独行的存在，成为欧洲最有权势、最有影响力的人物之一。

埃莉诺是12世纪欧洲最有权势、最有影响力的人物之一。她参与叛乱的行径被发现后，亨利二世就夺走了她的自由。威尔士的杰拉尔德写道，亨利二世"将他的妻子埃莉诺王后囚禁起来，惩罚她破坏他们婚姻的行为……然而，安茹伯爵若弗鲁瓦五世（亨利二世的父亲）在法兰西王国任职期间利用过埃莉诺。因此，这位安茹伯爵常常告诫他的儿子亨利，尤其是告诫他不要触碰埃莉诺。据说若弗鲁瓦之所以对亨利二世这么说，是因为埃莉诺是他的领主路易七世的前妻，而且他本人早已与她相识"。

杰拉尔德的文字体现了中世纪基督教对待女性的一贯态度——女性要对丈夫恭顺服从，她们在结婚前必须是处女。宫廷里有过性经验的女性不能提出强奸指控，而婚外通奸过错则完全归咎于女性。根据教会的说法，女性是人类淫乱的源头。

亨利二世试图把埃莉诺描绘成一个妖女和淫妇。然而事实上，埃莉诺是一个强大的威胁，她挑战了当时盛行的一种观念，即女性在结婚后要将其自由和权力都交给丈夫。

奇怪的是，亚瑟王传说中讲述的骑士爱情观在埃莉诺的宫廷中得到发展。受过良好教育的埃莉诺王后对12世纪文学艺术的发展产生了巨大的影响。亨利二世去世前，已将埃莉诺囚禁在英格兰宫廷里长达十六年。在那段时间及之后，埃莉诺都仍然对整个金雀花王国有着重要影响。

> 贝克特被杀后，亨利二世一直在努力争取他神圣的统治权。

乱。他来到小亨利的要塞前与他谈判，但小亨利却以一连串的箭矢攻击作为回应。1174年，亨利二世雇了布拉班特（Brabanter）雇佣兵，并带着他的军队和被囚禁的埃莉诺一起前往英格兰。

他们此次航行十分危险。狂风巨浪一直拍打着亨利二世的船，就连那些经验丰富的水手都很怀疑他们是否能活着到岸。亨利二世当时站在所有人面前大声喊道，要是上帝想让他活下来重整英格兰王国，那么他们就会平安登陆。最后，他们在南安普敦安全登陆。

贝克特被杀后，亨利二世一直在努力争取他神圣的统治权。然而，亨利二世的努力接连以失败告终，似乎是贝克特的"死亡之手"在推动着这一切的发生。于是亨利二世决定彻底解决贝克特事件，使之成为其统治期间最大的宣传噱头。他带着这样的想法，立即骑马赶往坎特伯雷大教堂。

对页图 亨利二世准备接受鞭笞，由坎特伯雷大教堂的众多教士轮番执行。

7月12日星期五，当他（亨利）到达坎特伯雷后，立刻从马背上跳下，把王室尊严抛在一边，然后装出一副朝圣者、忏悔者、祈求者的样子赤脚走向大教堂。进入教堂后的他顿时泪流满面，不断发出呻吟和叹息声，接着走到了光荣的殉教者贝克特的墓前，伏在地上忏悔罪行。他在那里祷告了很长时间，结束后便向在场的主教们请求宽恕，并要求受到肉体上的严厉惩罚。于是，他接受了早已聚在那里的众多修士们的轮番鞭笞——每人都抽了三五下教鞭。

——拉尔夫·迪切托《历史的图片》

亨利二世的忏悔是一次明智的转变。坎特伯雷人民看到他们的国王身着苦行衫，赤脚走向大教堂赎罪时都大为震惊。中世纪时期，坎特伯雷的街道坑洼不平、肮脏不堪，亨利二世赤足走在这样的街道上，双脚就被严重划伤了。不过，当教士们想到贝克特，还是拿起教鞭在他背上狠狠地抽了几下。

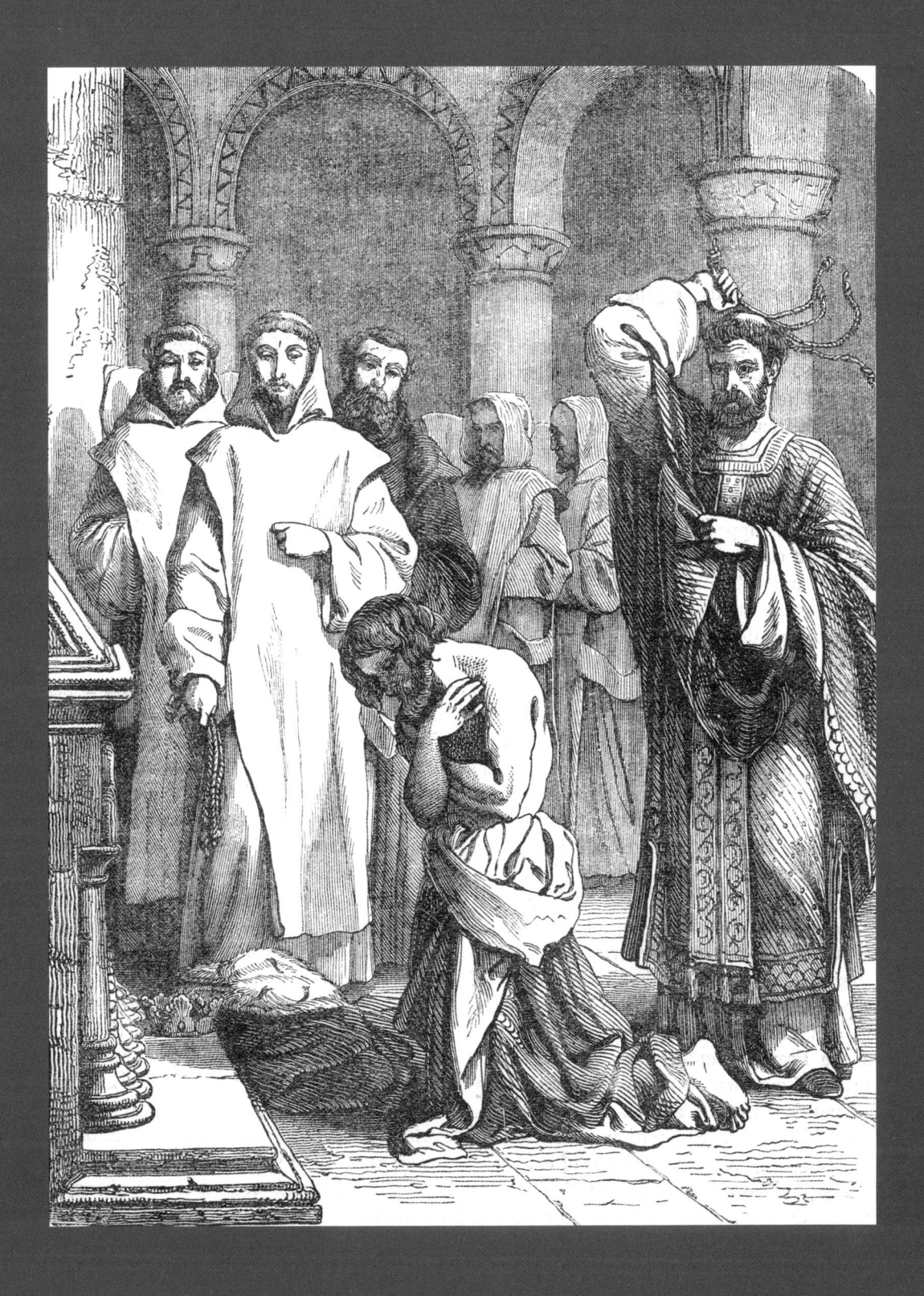

对页图 国王亨利二世和王后埃莉诺的陵寝。这位阿基坦的埃莉诺王后背叛了亨利二世。

下图 法兰西新国王腓力二世在勒芒与亨利二世交战。腓力二世大力支持理查反抗其父,直接导致亨利二世的失势。

第二天早上,亨利二世只能趴在床上让仆人处理伤口,这时他收到了一个消息——苏格兰国王"狮子"威廉一世被俘,苏格兰军队也自行解散了。不知为何,随着贝克特的灵魂得到告慰,亨利二世似乎时来运转了,接着他很快就平定了剩余的叛军。

他的现长子小亨利不是在与其军队作战时英勇牺牲的,而是死于痢疾。得知儿子死讯时,亨利二世说了这样一句著名的话:"他折磨我太多,但我希望他活着,来给我更多折磨。"

亨利二世在坎特伯雷大教堂忏悔后,教廷重新接纳了他,但条件是他必须要做出让步——准许神职人员只在教会法庭受审。这一惯例被称为"神职人员特权",在这种特权下受审的教士从未被判处死刑。反而,如果他们能够背诵一段简短的《圣经》经文(通常是《赞美诗》第五十一篇),那么其罪行就会立即得到赦免。亨利二世此前一直在努力,想建立一个公平的司法制度,让英格兰所有臣民都能受益。可是,他的这番努力未能取得圆满的结果。

与此同时,改过自新的亨利二世原谅了儿子们的背叛,唯独没有原谅妻子埃莉诺。杰弗里后来在巴黎的一场比武大会中丧生,于是亨利二世的儿子只剩下了理查和约翰,他们在历史上分别被称为"狮心王"和"坏国王"。

理查作为现长子(原长子小亨利已病逝),理应成为父亲王位的法定继承人。然而,更喜爱约翰的亨利二世不愿做出这样的安排。

不出所料，理查与法兰西新国王腓力二世（Philippe II Auguste）联手，在法兰西的土地上向他的父亲宣战。

亨利二世的好运终于到头了。理查和腓力都很年轻，他们不但雄心勃勃，还拥有大批军队的支持。相比之下，亨利二世已经五十岁了，按照中世纪的年龄划分标准来看，他已经很老了，而且他也没有多少勇气再打一场内战了。众所周知，亨利二世的一生都是在马背上度过的，他的腿因此成了罗圈腿。于是亨利二世只能被绑着手脚驮在马背上，由他的手下牵着马带他前去与腓力二世和理查谈判，双方就此达成了协议。1189年，亨利二世同意将他所有的财产都移交给他的叛徒儿子，事实上，他当时别无选择。不过，这位老国王愤怒的情绪并没有完全消除。他在理查的耳边低声怒吼道："愿上帝保佑我活着向你复仇。"亨利二世的这句话成了后世名言。

然后亨利二世被随从用担架抬上了马车，回到了希农城堡。一天，侍从给躺在床上修养的老国王呈上了一份宣誓效忠理查的人的名单，第一个名字正是他最宠爱的小儿子约翰。据说，亨利二世看到名单后心痛不已，转头面向墙壁，随后便因高烧不退去世了。

"羞愧啊，羞愧啊，我这征服者国王！"这是亨利二世临终前说的最后一句话。

RICHARD I & JOHN

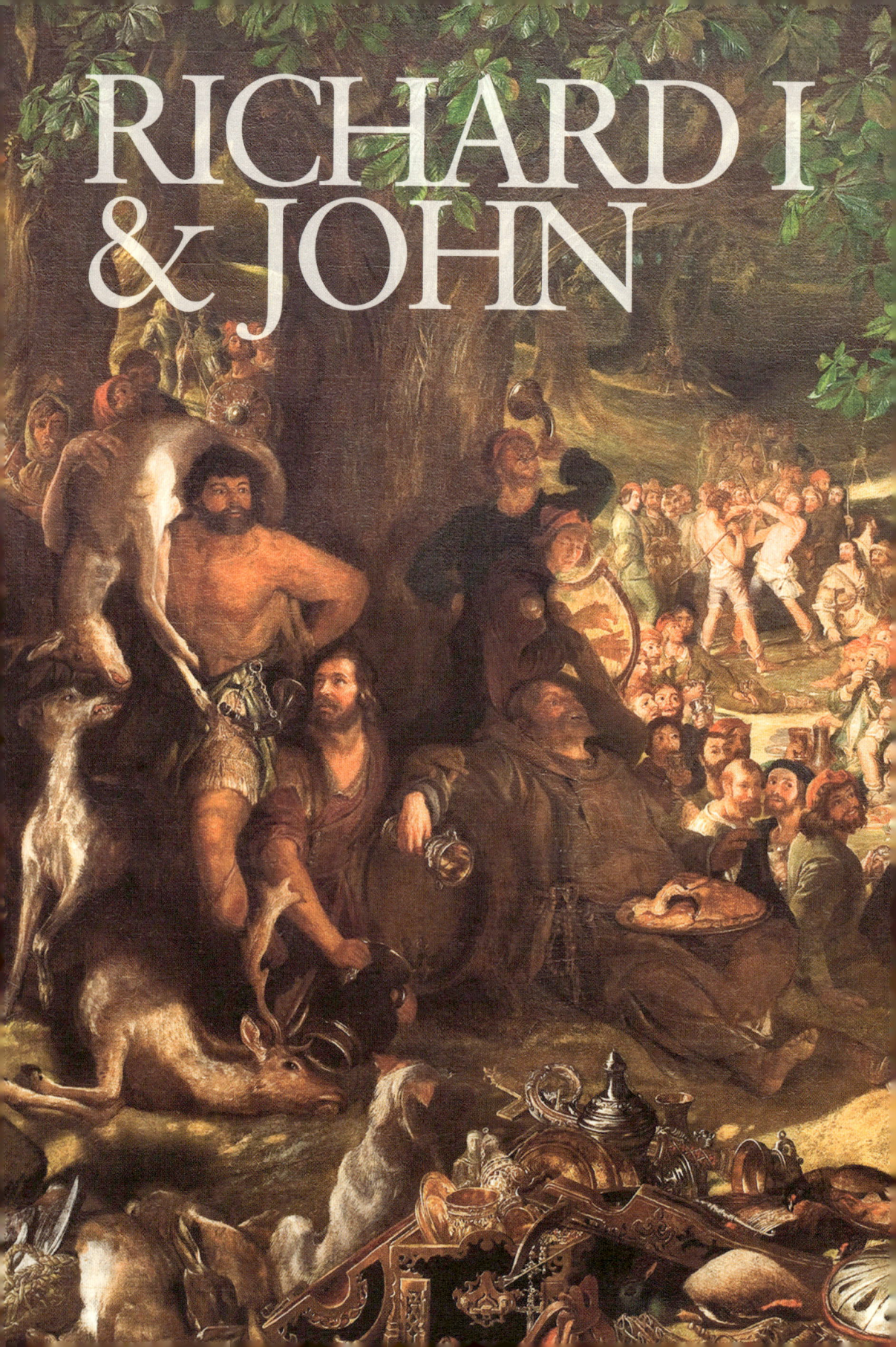

第二章

理查一世和约翰

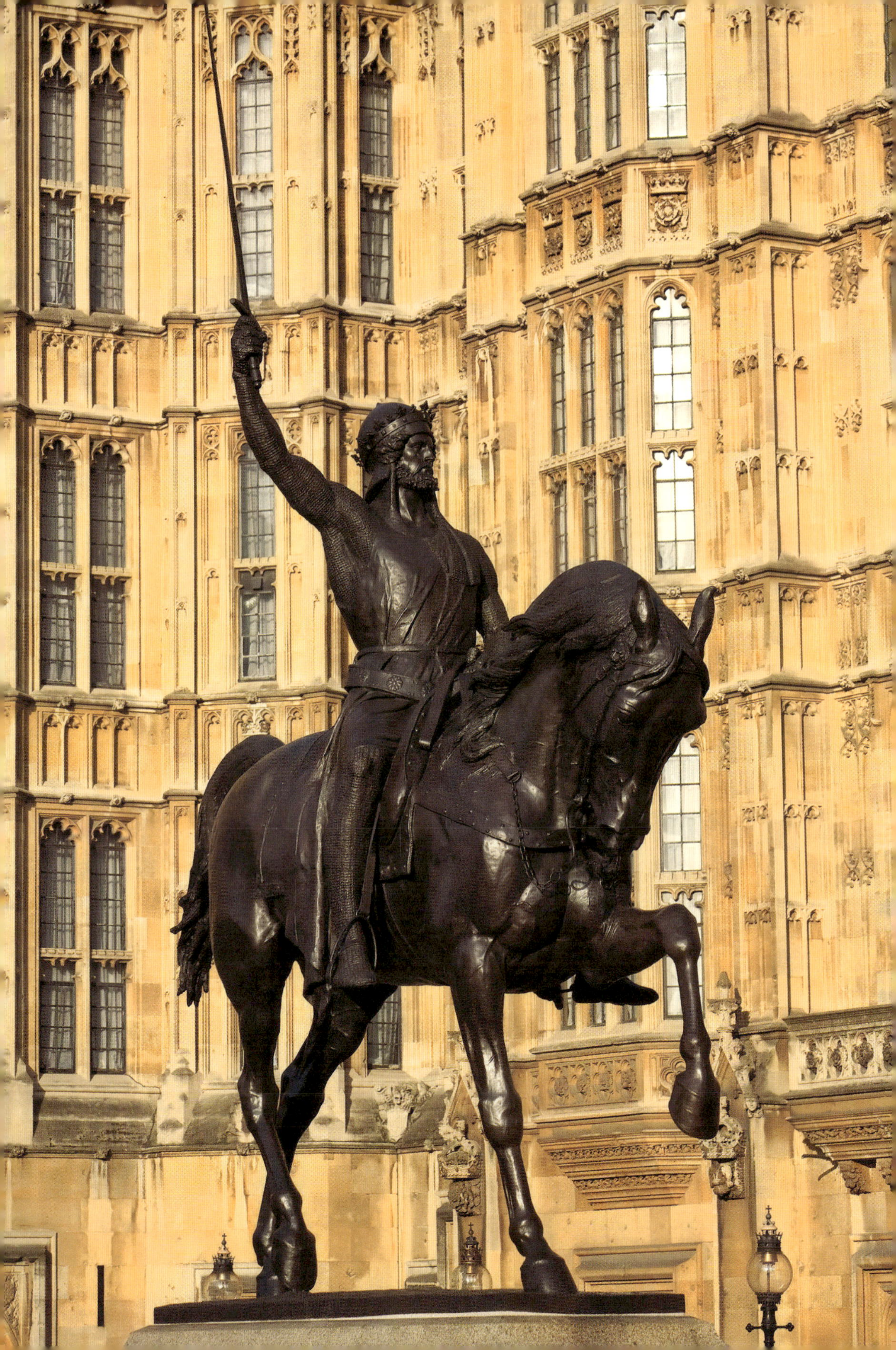

THE
PLANTAGENETS

据说，狮心王理查一世只有在剑上沾满敌人的鲜血时才会真正地开心。作为一名君主，理查一世与他的兄弟——邪恶而倒霉的约翰国王没有什么不同。两人皆贪婪凶残，决心把自己领土上的价值榨干。

理查一世往往被视为英格兰的民族英雄。这位勇猛的十字军国王为争夺圣地与异教徒萨拉丁（Saladin）作战，给英格兰王国带来了巨大荣誉和声望。事实上，理查一世一句英语都不会说，在他十年的国王生涯中，待在英格兰的时间只有六个月，而且在他统治期间，他还挖空心思地榨取英格兰国库的钱财。理查一世认为英格兰"既冷又总是下雨"，这个王国里的任何东西他都愿意拿来征税或出售以支撑他的战争开支，他曾经说过，如果能找到买主，他愿意卖掉整个伦敦。

杀戮是理查一世一生中的主要嗜好，战斗是他一生从事的事业。他继承了金雀花家族的金红色头发、长长的胳膊以及高大威猛的身材，这些似乎都是专门为了挥舞阔剑而生的。

他还遗传了家族的暴脾气，以极端残忍而出名。理查一世恶行累累，曾将三名囚犯扔下悬崖摔死，还致使另外十五名囚犯失明，他的十字军东征历程也充满了各种暴行。

理查一世曾被当时的一位编年史作者描述为"一个不孝的儿子，一个糟糕的丈夫，一个自私的统治者，一个恶毒的男人"。尽管如此，理查一世在统治之初还是流露出了少有的感性时刻。1189 年，理查一世加冕为英格兰国王，随后他去了丰特弗洛修道院（Fontevraud Abbey）他父亲亨利二世的墓地，伏在亨利二世的石像上痛哭。据说当时有血从已故国王石像的鼻子里流出——按照中世纪的迷信说法，这种现象表

对页图 伦敦威斯敏斯特教堂外的狮心王理查一世雕像。在英格兰人民的印象中，理查一世是一位伟大的民族英雄，但实际上他对英格兰并不关心。

下图 1189年9月3日，理查一世在威斯敏斯特教堂加冕。这是那个时代第一次对加冕典礼进行完整而详细的描绘。

明亡者见到了凶手。

怀疑论者认为理查一世的感性流露是一种作秀，毕竟这位新国王背叛了他已故的父亲，加速了他父亲的死亡。为了开脱自己对已故国王、家族和王国犯下的罪责，理查一世向坎特伯雷大主教请求获得教皇的赦免。作为回报，理查一世表示他可以代表教皇发起一场讨伐萨拉丁——这位穆斯林国王于1187年占领了圣城耶路撒冷——的圣战。对于各方来说这都是一个令人满意的筹划，尤其对理查一世而言，他将远离在英格兰统治时的沉闷氛围，重新回到马鞍上去战斗。

可以肯定地说，理查一世对英格兰不感兴趣，但如果就此认为他不受欢迎的话，那可就错了。在充满暴力和动荡的中世纪，人们喜欢有军事头脑、实力强大的国王。战斗的胜利为之带来了威望和荣耀，这也意味着上帝对胜利者的青睐。在战争中取胜完全符合新兴的骑士精神，那是一种以荣誉、爱情以及作战英勇为核心的武士准则。

骑士精神的核心源于中世纪时期人们对亚瑟王和他勇

猛的圆桌骑士团的故事的各种重塑。理查一世的母亲埃莉诺很喜欢这个纯英式风格的故事，因此她时常给儿子们讲述新版亚瑟王传说中骑士精神和战争的故事。

实际上，中世纪的骑士精神是模糊且不稳定的：骑士们常常会以骑士精神的名义推翻法律、正义和理性。例如在圣地，骑士肆意屠杀手无寸铁的妇女和儿童，敌方骑士和贵族的性命却可以因骑士精神得以保全。换言之，骑士精神和基督教所遵循的上帝意志强有力地助长了十字军东征暴行的泛滥。

理查一世一登上英格兰王位，就开始组织讨伐萨拉丁的十字军东征。这场征战将花费巨额资金，因此他花了三个月的时间在英格兰通过售卖土地、征税、借款等方式筹措经费，这三个月占了他在英格兰所待总时长的一半。理查一世并不是神圣的，当时的编年史作者将理查一世描述为"行为像个强盗，总是在找寻可以偷的东西"，他把他所有的一切都卖了，办公楼、领地、爵位、郡县、城堡、城镇、土地……没有人能免于纳税，连教会也不例外，不过这场征战就是为教会而发起的。

理查一世在筹集十字军东征经费的同时，英格兰民间掀起了一拨盲目针对犹太人的迫害浪潮。许多人兴高采烈地加入这场迫害行动中：一群暴徒在伦敦横冲直撞，洗劫犹太人的房屋，并且杀害那里的居民。这场屠杀在约克郡达到了高潮，当时有一百五十名犹太人躲在城堡塔楼里，他们宁愿自杀也不愿面对暴徒的屠刀，而那些没能自杀身亡的人则被活活烧死了。理查一世公开谴责了这些暴行，但他对罪犯的追责却不痛不痒。

英格兰民间十字军一般的宗教狂热情绪因迫害犹太人而得到发泄。没有人能够免于征税。英格兰人民不会很快忘记被狮心王理查一世掠夺的那些事。随着英格兰税收的增加，其物价也随之急剧上涨。高昂的生活成本影响了普通民众的正常生活，甚至激怒了贵族。后来约翰王被迫签署的《大宪章》(*Magna Carta*) 成了大众报复王权的武器。

金雀花王朝的亚瑟

相传，亚瑟王是一位古不列颠国王，在罗马帝国灭亡后与盎格鲁-撒克逊人作战，但没有证据表明他真的存在过。然而，6世纪的威尔士教士吉尔达斯（Gildas）曾写过一位名叫安布罗修斯·奥雷里安努斯（Ambrosius Aurelianus）的罗马-不列颠领袖，他"身穿紫色战袍"，在巴顿山（Badon）之役中击败了盎格鲁-撒克逊人。据说，在9世纪所著的《历史上的不列颠》（Historia Brittonum）中第一次提到亚瑟时，奥雷里安努斯的名字可能就已经变成了亚瑟。

《历史上的不列颠》是第一本表明不列颠是由布鲁图斯（Brutus）创建的英国文献。布鲁图斯是特洛伊英雄埃涅阿斯的后代，据诗人维吉尔的史诗记载，埃涅阿斯在特洛伊被攻陷后逃了出来，后来建立了罗马。蒙茅斯的杰弗里所写的《不列颠诸王史》（Historia Regum Britanniae）以及随后韦斯（Wace）的《不列颠传说》（Roman de Brut）都以这本著作为故事基础。《不列颠传说》著于金雀花王朝时期，是由亨利二世委托韦斯为他的妻子——阿基坦的埃莉诺所编写的故事集。法国人对英式故事感兴趣或许是因为金雀花家族在英国历史上的地位，毕竟金雀花家族是当时英格兰的统治者。

在《不列颠传说》所描述的亚瑟王世界和克雷蒂安·德·特鲁瓦（Chrétien de Troyes）所编写的浪漫故事中，亚瑟王都会派圆桌骑士去执行神秘的任务，包括接触超自然现象、解救受困少女等。这类讲述骑士英勇与忠诚的文学作品是理查一世和他兄弟约翰给世人留下的文化遗产，而这对兄弟在现实生活中诠释骑士精神的方式则是谋杀、叛国以及背叛家族。

右图 这幅版画展示了12世纪法国诗人克雷蒂安·德·特鲁瓦在工作室的情景。

左图 理查一世统治下特别残酷的反犹时期，伦敦暴民在街头横行闹事。

理查一世没能活着看到《大宪章》，他也没有想到在自己身上会发生这样的叛乱，而当时的他只顾继续掠夺英格兰人民的财富。为了建造一支由一百艘船只组成的英格兰舰队，理查一世花费了一万四千多英镑，这笔钱相当于他每年从英格兰获得收入的一半以上。王室账目中有船上的物资清单：难以计数的奶酪、豆类、弓箭、弩箭，六万块马蹄铁和一万四千只腌猪，等等。据估计，理查一世从英法两国广袤的土地上征募到的兵力总计二百一十九艘战船、一万七千名士兵和水手。

作为阿基坦公爵，理查一世在法兰西的领土占了该国国土的四分之一。与英格兰国土相结合，这个有时被称为"安茹帝国"的金雀花王国在理查一世在位期间达到了其统治的巅峰。

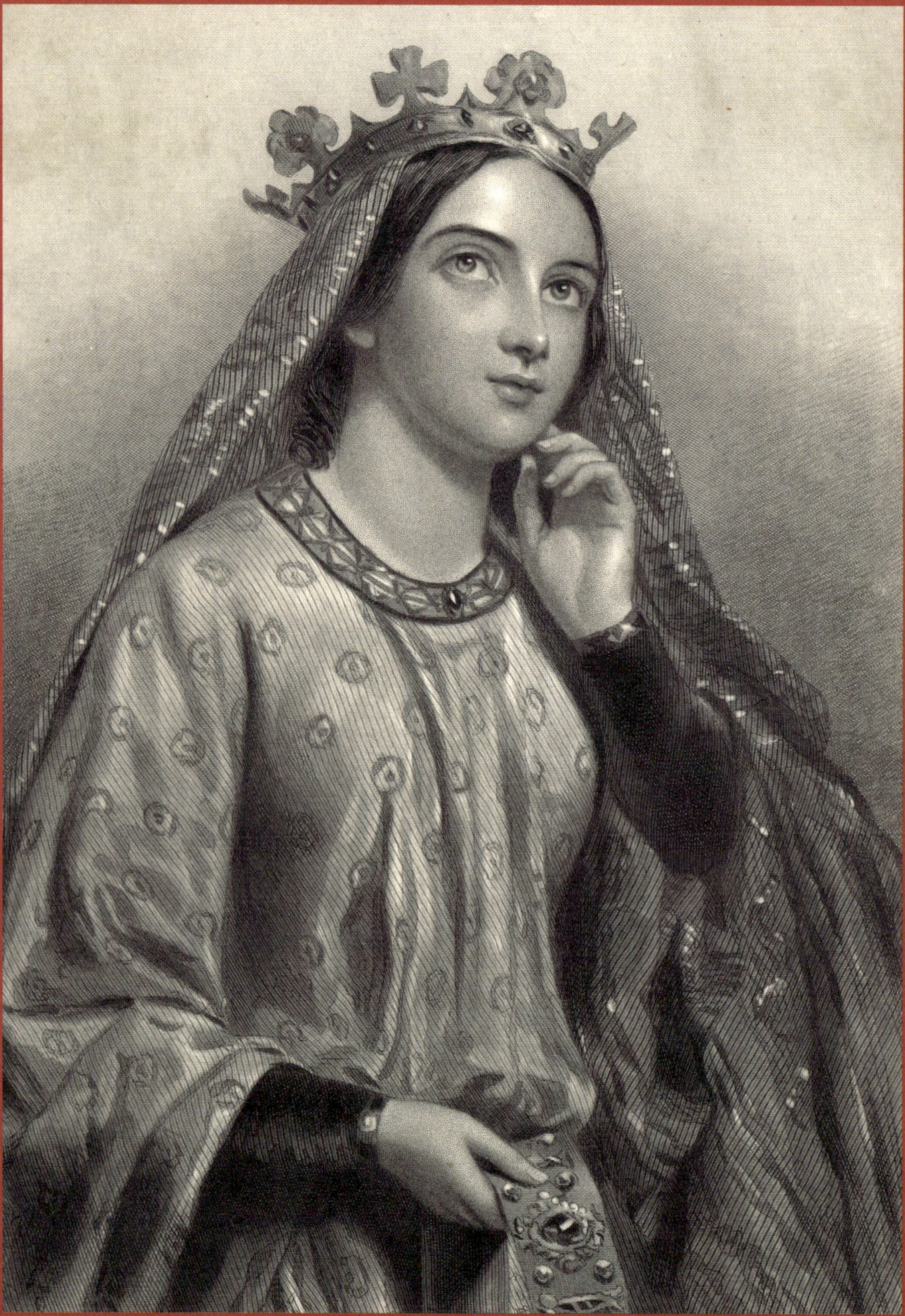

这也使得理查一世在财富和权力方面超过了法兰西国王腓力二世。理查一世正是与腓力二世一起策划发起了那场讨伐萨拉丁的十字军东征，但他们只是名义上的盟友而已。理查一世的傲慢自大使许多其他十字军同伴都渐渐离他而去。

东征国王

在去往圣地的半路上，理查一世背弃了与腓力二世的姐姐爱丽丝（Alice）的婚约，从而激怒了腓力二世。而理查一世在他母亲埃莉诺的指示下，娶了纳瓦拉的贝伦加里亚（Berengaria），埃莉诺还亲自把她送到理查一世在西西里的临时基地。腓力二世大怒，他不会原谅理查一世的这次羞辱，便率军提前前往耶路撒冷。

但是，腓力二世和其他的欧洲十字军还是需要理查一世的帮助。1191年，十字军围攻阿卡城（Acre）未果，理查一世携带着一把利剑，据说就是亚瑟王的"王者之剑"，立即赶往阿卡城加入十字军的围攻之中。当时，阿卡城被萨拉丁占领后，包括腓力二世和奥地利公爵利奥波德五世（Leopold V）在内的十字军驻扎在城墙周围，他们用弓箭、希腊火和投石车攻击城墙，削弱了其防御能力，但每当阿卡城墙快要被攻破之时，萨拉丁都会发起猛烈的反攻，而这就给了他重建城墙的时间。

这场终局之战是一场可怕的消耗战：阿卡城堡的护城河里堆满了腐烂的尸体；饥饿的欧洲士兵吃掉了他们的驮马和骡子；穆斯林战士向进攻的攻城车投掷火石；天空因浓烟和箭矢变得漆黑一片。

理查一世本人患有坏血病，这种病导致他的牙齿和头发大量脱落，但没有什么能阻止他对阿卡城的围攻。为了打破僵局，理查一世和腓力二世邀请萨拉丁进行谈判，这位穆斯林国王愿意释放一千五百名基督徒俘虏以示诚意，双方就此达成停战协议。然而到了约定之日，萨拉丁却食言了。作为回应，理查一世在城墙外下令将两千七百名穆斯林俘虏全部斩首。反过来，萨拉丁也立刻下令处死了他之前承诺释放的俘虏。

对页图　贝伦加里亚。理查一世因与纳瓦拉的贝伦加里亚结婚而毁掉了早先与法王腓力二世姐姐的婚约，致使腓力二世从此将他视为一生之敌。

下跨页图　理查一世和腓力二世在刚征服的阿卡城墙外。在阿卡之战击败萨拉丁后，理查一世便启程回国了。

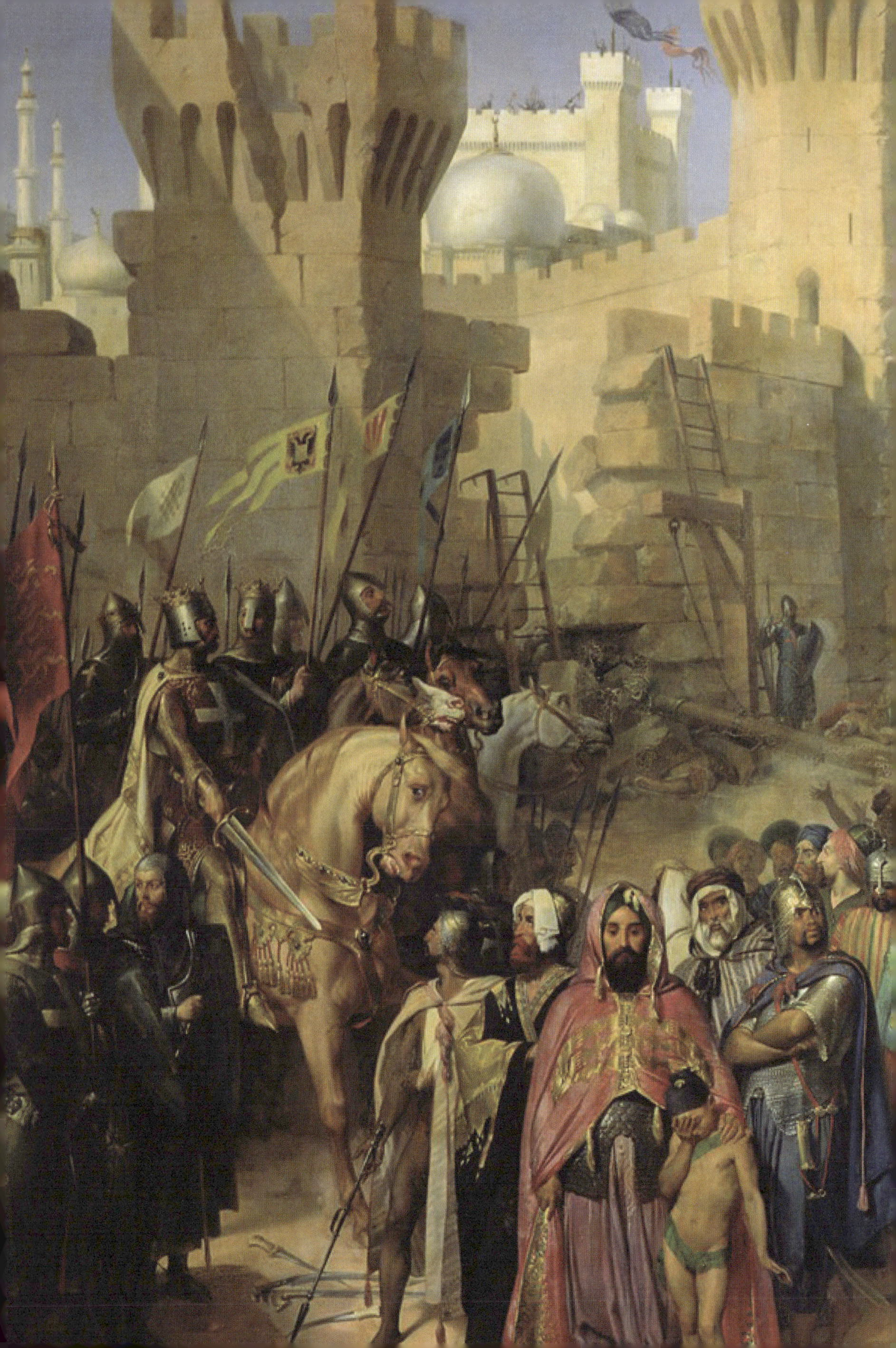

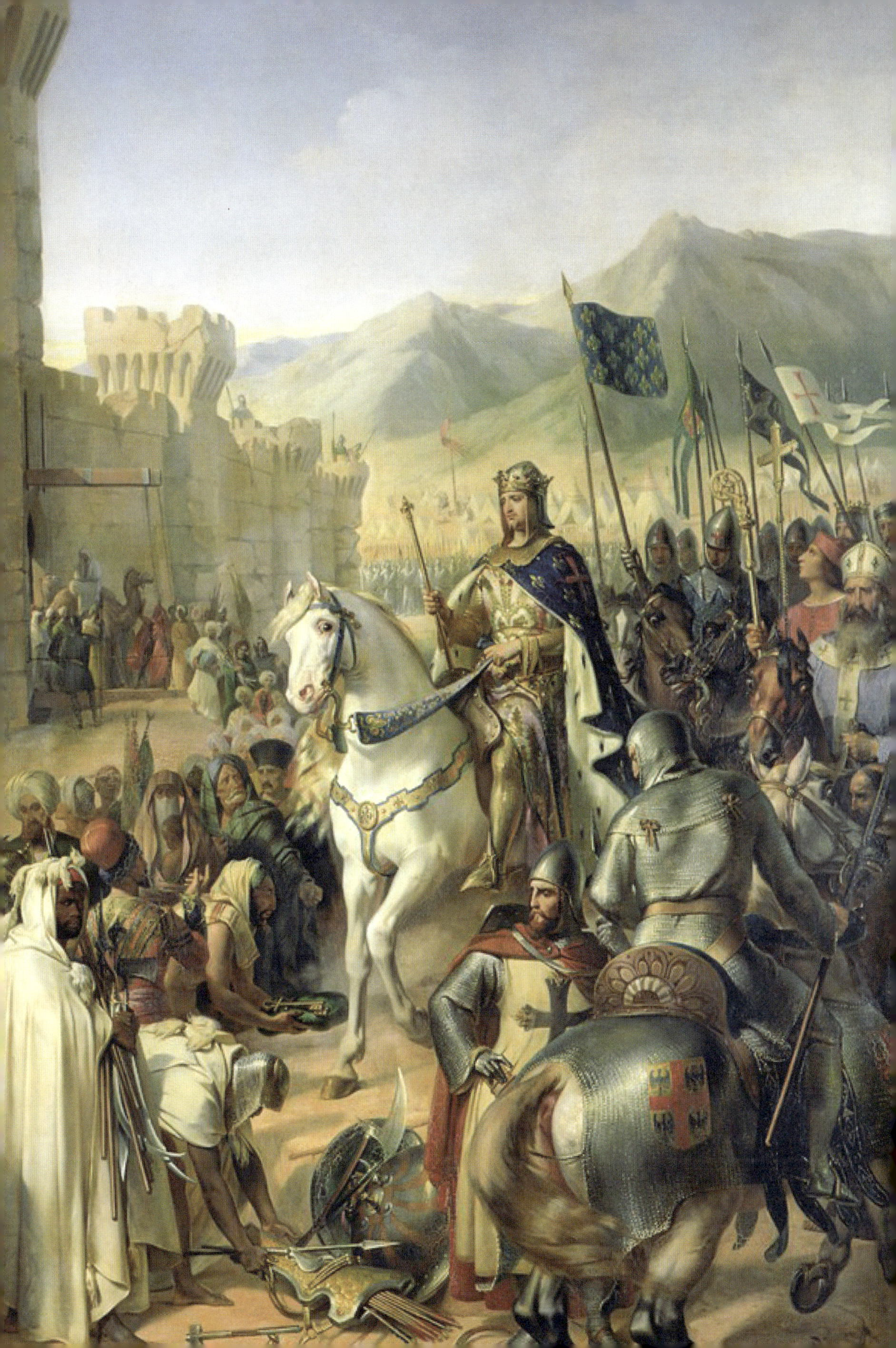

> 理查一世的暴行将在穆斯林的集体记忆中长存。

上图 理查一世与德意志国王亨利六世对峙。理查一世被奥地利公爵利奥波德卖给了亨利六世，利奥波德是理查一世在圣地惹恼过的欧洲君主之一。

理查一世的暴行将在穆斯林的集体记忆中长久留存。当时，身为穆斯林的母亲会假装威胁淘气的孩子说："乖着点，否则英格兰国王就会来抓你。"十字军被描述为勇敢的战士，但从其他任何方面来看，他们跟凶残的禽兽没什么区别。最终，理查一世攻占了阿卡城，并在耶路撒冷附近的一场激战中击败了萨拉丁。这标志着理查一世的十字军东征的结束，因为圣城本身对这位英格兰国王来说没有什么实际利益，而当时他的弟弟约翰又正在国内制造叛乱，于是理查一世的启程返回英格兰。

理查一世面临的问题在于他在国外树立的敌人比结交的朋友多。为此，理查一世不得不伪装成朝圣者走陆路返回英格兰，但在返回途中，他被奥地利公爵利奥波德的间谍伏击并抓捕。这是因为理查一世曾两次让利奥波德受到羞辱。一次是理查一世占领了一座已经被奥地利人宣告主权的穆斯林宫殿，这让利奥波德很是生气；另一次是理查一世拔下了利奥波德插在阿卡城城墙上的王室旗帜，换上了他自己的王室旗帜。理查一世被抓获后，被囚禁在一座可以俯瞰多瑙河的城堡里，随后被卖给了德意志国王亨利六世。

对于法王腓力二世来说，这是天大的好消息，因为他和利奥波德一样都被理查一世羞辱过。当腓力二世清楚只有理查一世才能更好地带领十字军作战后，便中断了自己的东征之旅，他憎恨这位金雀花国王。此时，腓力二世与理查一世的弟弟约翰达成了一项协议：约翰向腓力二世宣誓效忠，作为交换，腓力二世则帮助约翰夺取他的英格兰王位。约翰天真地把一大片阿基坦土地交给腓力二世以示友好，而后金雀花家族再也没能收回那片土地。

理查一世在十字军东征启程前，曾留下一些主教代他管理英格兰的事务。然而在理查一世东征期间，约翰不断地挑战这些主教的权威，也因此暴露了他对王位的野心。而后他又宣称理查一世已在囚禁时被杀害，因此他将接管英格兰的王位。可是，没有人相信约翰的话，主教们迅速集结了一支军队来反抗他。然而，就在约翰即将遭受攻击之前，德意志国王亨利六世传来消息说，他想要三十四吨白银作为释放理查一世的赎金。

理查一世和约翰的母亲埃莉诺开始筹集赎金，而腓力二世和约翰则想方设法让理查一世继续被囚禁。腓力二世甚至提出给亨利六世双倍的赎金，希望他能够继续囚禁理查一世，但亨利六世不为所动，接受了埃莉诺支付的第一笔赎金。埃莉诺为筹集这笔钱，强迫英格兰所有国民缴纳收入的四分之一作为税费，同时没收所有可以从教堂拿走的金银财宝。英格兰人又一次为理查一世付出了高昂的代价。交了赎金后，他们的国王自由了。

1194年，理查一世被释放之后，腓力二世给约翰捎信提醒："小心你自己，魔鬼松绑了。"据说，当"死去的国王"理查一世在桑威奇（Sandwich）附近的城堡登陆时，支持约翰的一位贵族直接被吓死了。理查一世回到英格兰后，约翰张开双臂迎接，并低声下气地向他道歉，而理查一世最终没有惩罚对方。这或许可以说明，虽然这位伟大的战将并不认为约翰真正对他构成了威胁，但是他也意识到，金雀花王朝的遗产比任何王室暗算和家族背叛都更为重要。

不过，理查一世不愿接受失去大片法兰西土地的事实，于是他希望组建一支新军队来夺回这些土地。他利用中世纪最盛大的征兵方式——比武大会，挑选出英格兰王国中最优秀的骑士。几个月后，理查一世前往法兰西与腓力二世开战。从那之后，他再也没有回过英格兰。

右图 在与腓力二世密谋反叛破产后,约翰请求得到理查一世的原谅。出人意料的是,理查一世没有对他弟弟施加报复。

理查一世的结局

据说理查一世向占领金雀花王国领地的法军发起冲锋时,就像"一头渴求食物的狮子冲向它的猎物"。他很快就取得了成功,占领了几座城堡。腓力二世转而再次入侵理查一世的领地,两人在入侵对方领土的途中都在掠夺财物。

这两位国王还采取剜眼等酷刑来残害那些忠诚的敌方俘虏。农奴和农民也是这种野蛮刑罚方式的受害者。

几年后，理查一世和腓力二世在吉索尔（Gisors）城堡进行了一次著名的会面。副主教拉尔夫·迪切托（Ralph de Diceto）描述过这次会面：

下图　理查一世击败腓力二世的微型画，来自提尔的威廉的《耶路撒冷史》（*Historia Ierosolimitana*）。

9月27日，英格兰国王理查率领大军入侵法兰西国王的领地，占领了库尔塞勒（Courcelles）、布里兹（Burriz）和塞里方丹（Sirefontaine）城堡。第二天，法兰西国王腓力带领四百名骑士和军士从芒特（Mantes）赶到库尔塞勒城堡支援，给那里的守军带去了军需补给品，当时腓力认为库尔塞勒还

中世纪的比武大会

中世纪的比武大会是年轻骑士展现自身实力的绝佳舞台。比武大会主要采取混战形式，即两队骑士——客队（进攻者）和主队（防守者）之间进行一场危险的自由搏斗。

比武场一般是两个城镇之间的空地，包括开阔的郊外、村庄、树林以及其他任何可以用作比武场的地方。双方进行混战是为了捕获对方的骑士、没收其装备马匹并扣留他们以索要赎金。只有在被俘的骑士承诺未来会支付赎金的情况下，俘获方才会将其释放。捕获最多骑士的队伍就是胜方，他们还可以在这个过程中为自己赚取一小笔财富。

混战比武只有两条规则：骑士之间不能互相伤害或杀害，不能攻击在围场外或休息区暂避的骑士。然而在混战中，没有官员会监督执行这些规则，因此比武场上经常发生严重的伤亡事件。在一次夏季比武大会中，六十名骑士进行了一场异常残酷的混战后全部丧生，其中许多骑士是因战场上飞扬的尘土过多，导致窒息。有传言说，这些骑士们死后，会有魔鬼变成乌鸦和秃鹰的样子在比武场上盘旋。在比武大会上，并不是只有骑士才会面临危险，被卷入混战中的村民和其他旁观者也会受到伤害，通常他们会被疾驰的马蹄踩伤。

理查一世本人也是比武大会的忠实参与者，但他不喜欢大混战对乡村造成的破坏。不过，他推翻了以前他父亲亨利二世对比武大会下的禁令，并在王室的许可下将其合法化了。对于中世纪的国王而言，比武大会是不容错过的骑士招募平台，其带来的价值不言而喻。

下图 这幅木版画描绘了骑士们在中世纪的比武大会中混战的场景。

没有被攻占。然而，当看见理查出现在库尔塞勒时，腓力携军队掉头就跑，理查见状立即上前追赶，最后将腓力困于吉索尔城门外的一座桥上，当时腓力脚下的桥突然断裂，二十名骑士因此溺死了。

——拉尔夫·迪切托《历史的图片》

据说在吉索尔，腓力二世"掉进了河里"挣扎求生。随后，腓力二世与理查一世匆匆达成了休战协议，但这位金雀花国王并没有就此休息。相反，他又率领军队前往利穆赞（Limousin），与反叛的利摩日（Limoges）子爵作战。理查一世用火力和武力攻陷了利穆赞，包围了沙露（Châlus-Chabrol）这个相当不起眼的城堡。三天后，就在沙露城堡即将被攻破之时，一支弩箭射中了理查一世的肩膀，他当即就把弩箭给折断了，但"必须要使很大的力气"才能拔出箭头。这位伟大的骑士和战神——理查一世因伤口感染于十二天后去世，他的遗体被埋在丰特弗洛修道院，紧挨着他曾背叛过的父亲亨利二世。

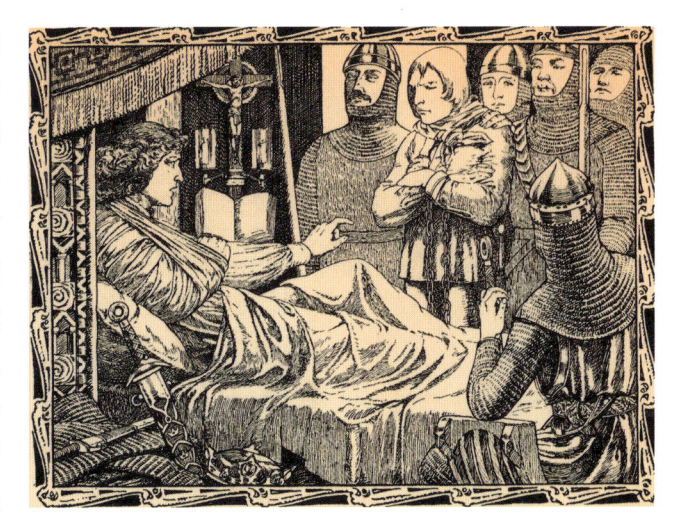

坏国王约翰登场

1199 年，约翰成为英格兰国王，此前他的绰号一直是"无地王"，原因很简单：约翰是亨利二世最小的儿子，亨利二世把家族领地分封给前面几个儿子后，就没有土地再分给他了。尽管如此，约翰却一直是亨利二世最宠爱的儿子。后来，他听命于哥哥理查一世背叛了父亲，他也一直没能摆脱理查一

上图 理查一世被弩箭射中肩膀后，躺在床上奄奄一息。

上图 这幅约翰国王的画像展示了他与其父亲亨利二世样貌的相似性。但在现实中，这对父子却截然不同。

对页图 相传亚瑟王子在地牢里被他的叔叔约翰杀害。事实上，约翰很有可能早就杀了亚瑟。

世的影响。理查一世高大英俊，在战场上无人能敌；约翰身形矮壮，比理查一世矮三十厘米左右，不过他非常喜欢精美的衣服和珠宝，还很热爱洗澡，这在当时是非常罕见的。当时的编年史作者把理查一世描绘成一个具有骑士风度、精力充沛的实干家；约翰则被描述为一个优柔寡断、不值得信任且举止令人讨厌的坏国王，他常常和他的随从们一起取笑别人的不幸。

从现代的角度来看，理查一世和约翰在历史上的作为半斤八两——毕竟这两人都做过令人发指的残暴行为。然而，约翰犯下的罪行却使他一直背负着骂名。

在理查一世带领十字军东征期间，约翰总是竭力破坏他哥哥的统治。他公开反抗理查一世任命的包括主教在内的政要官员，甚至将首席政法官威廉·德·朗尚（William de Longchamp）流放异国。对于苏格兰入侵英格兰的计划，他也表示大力支持，还与法兰西国王腓力二世合谋将理查一世囚禁在国外。

不过，腓力二世并不支持约翰在理查一世死后继位，而是拥立约翰的侄子亚瑟（Arthur）为王。作为亨利二世之子杰弗里的儿子，亚瑟多少传承了金雀花家族的某些特质。在他十五岁的时候，他就已经开始为了私利攻击家族成员了，他还与腓力二世联合在普瓦捷（Poitiers）的米雷博城堡围攻他的祖母——阿基坦的埃莉诺。

此时的约翰迅速夺取了英格兰王位，紧接着在短短两天内，他率领军队行进了一百四十多千米，向普瓦捷进发。很快他便包围了围攻的军队，解救了他的母亲埃莉诺，并将亚瑟囚禁在诺曼底的一处地牢中。约翰去地牢看望亚瑟时，发

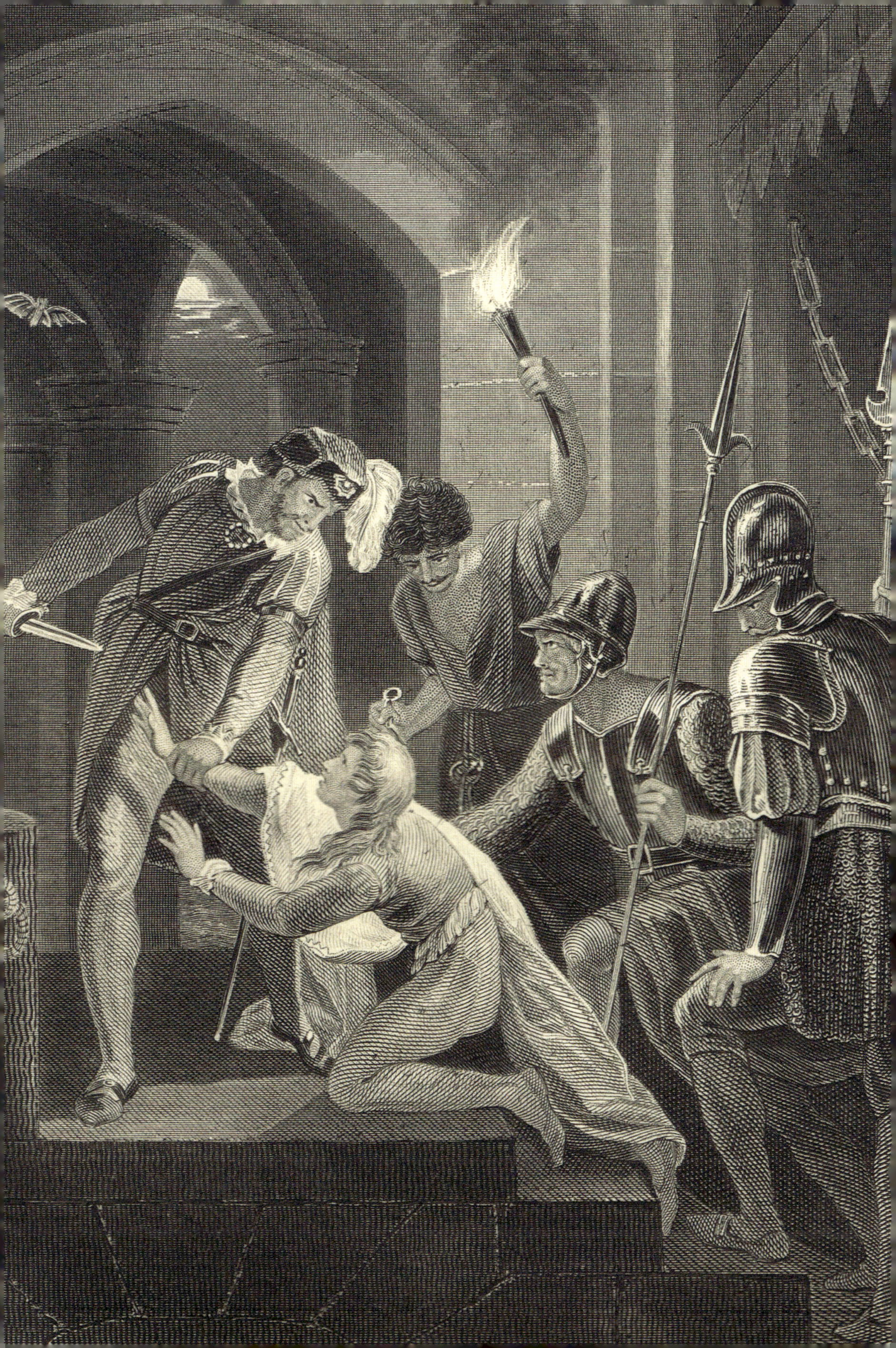

现他还是目中无人，不知悔改。当时亚瑟还要求约翰交出英格兰王位，否则约翰将落在他的手里终生受苦。

亚瑟的威胁未免过于天真，这位来自金雀花家族的少年之后不知所踪。有传言说约翰将亚瑟阉割了，但过程中出现了严重的失误，结果亚瑟因失血过多而身亡；又有说法说是约翰派了四名骑士取了亚瑟的性命，就像四名骑士杀害托马斯·贝克特那样。不过，最可靠的说法还是来自看守亚瑟的狱卒，他受雇于一个名叫威廉·德·布劳斯（William de Braose）的贵族——亚瑟被困城堡的领主。

那位狱卒的说法是这样的：一天晚饭后，喝醉的约翰来到亚瑟的牢房，用剑刺死了他，接着他在亚瑟的尸体上系上一块石头，将尸体扔进了塞纳河。亚瑟据称是被约翰所杀这一传闻给约翰造成了巨大的影响：他手下的许多法兰西贵族都宣布不再效忠于他，转而投向了腓力二世。腓力二世自己也说过，除非亚瑟继承王位，否则他不会停止对付约翰，虽然他也许知道这不太可能发生。

腓力二世与约翰斗争的最终结果是：金雀花王国在法兰西的所有领土全部丧失，除了加斯科涅（Gascony）——位于西南边境的一块孤地。曾经强大的安茹帝国已经土崩瓦解，而腓力二世的军队也向身处丰特弗洛修道院的埃莉诺逼近。最终，埃莉诺于1204年去世，享年八十二岁，她被安葬在那个修道院，与她曾背叛过的丈夫亨利二世以及最喜欢的儿子理查一世聚在一起。约翰在位的最后几年试图夺回法兰西的失地，但他没有成功。不过在他多次向腓力二世发起进攻后，还能守住他的英格兰王国，已经难能可贵了。

英格兰为约翰的愚蠢行为付出了沉重的代价，臣民们在赋税的重压下苦不堪言。在1204—1205年间，英格兰经历了极其寒冷的冬天，众所周知，当时泰晤士河全面结冰，而持续的冰冻和降雪也导致庄稼歉收，于是国内很快就出现了饥荒。人们怨声载道，说这是上帝因约翰在法兰西节节败退而对他本人和英格兰人民进行的惩罚。对此，许多贵族也不愿出钱帮约翰收回土地。

威廉·马歇尔（William Marshal）是为数不多仍然对约翰忠心耿耿的贵族，他劝诫约翰不要再试图攻击法兰西了，然而约翰没有听从。1205年夏天，约翰又一次失败了，他已经没有足够的资金支持来重建家族的帝国了。

约翰不会原谅英格兰贵族对他王朝野心的反抗。为了确保英格兰能够继续为他提供钱财，他花了很长时间在全国各地巡视，一路搜刮民脂民膏，并不断建立新的税收制度。约翰变得像父亲亨利二世一样不停地奔波，载着随从的一队队驮马和马车经常从一个地方辗转到另一个地方。他有一个可移动的餐桌和礼拜室，在任何路边都可以搭建起来使用。

威廉·马歇尔

　　威廉·马歇尔被誉为"史上最伟大的骑士",在亨利二世、理查一世、约翰和亨利三世动荡的统治期间,他堪称英国贵族和骑士精神的典范。在约翰失去法兰西领土后,他是为数不多仍然效忠约翰的贵族,也是《大宪章》机制中的一个关键人物。

　　威廉生于1146年,在无政府时期斯蒂芬围攻城堡时,身为孩童的他被父亲约翰·马歇尔送到斯蒂芬处当作人质。斯蒂芬当时大喊,如果马歇尔不投降,那么他就要在城墙前绞死他的儿子威廉。然而马歇尔却让他动手,并表示:"我还有锤子和铁砧来锻造更多更好的儿子!"小威廉最终幸免于难,并且成长为一名强大的战士,在比武大会中武力超凡。他依靠自身变得富有而出名,在一次与小亨利一起观看欧洲比武巡回赛后,还成了小亨利的朋友。

　　威廉·马歇尔曾与亨利二世一起对抗其子理查,他甚至有机会在伏击并放倒理查后将其杀死,他是史上唯一有机会这样做的人。但他没有杀死理查,而是杀了他的马,这样做只是为了表明他自己的立场。而理查也没有忘记威廉·马歇尔当时的手下留情,在他成为国王后,为了表示对威廉·马歇尔的敬意,安排他与彭布罗克(Pembroke)女伯爵伊莎贝尔·德·克莱尔(Isabel de Clare)结婚。这使得威廉·马歇尔随即变成了彭布罗克伯爵,成为英格兰最富有的人之一。威廉·马歇尔也被称为护国公,在约翰成为国王后选择继续辅佐。尽管威廉·马歇尔与约翰之间存在敌意,但是威廉·马歇尔一直以来都尽忠职守,还在约翰死后帮助他的继承人亨利三世登上了王位。

上图　这张威廉·马歇尔的肖像来自他在伦敦圣殿教堂的墓地。

跨页图 在 1214 年的布汶战役中，约翰的军队被腓力二世的军队击败了。

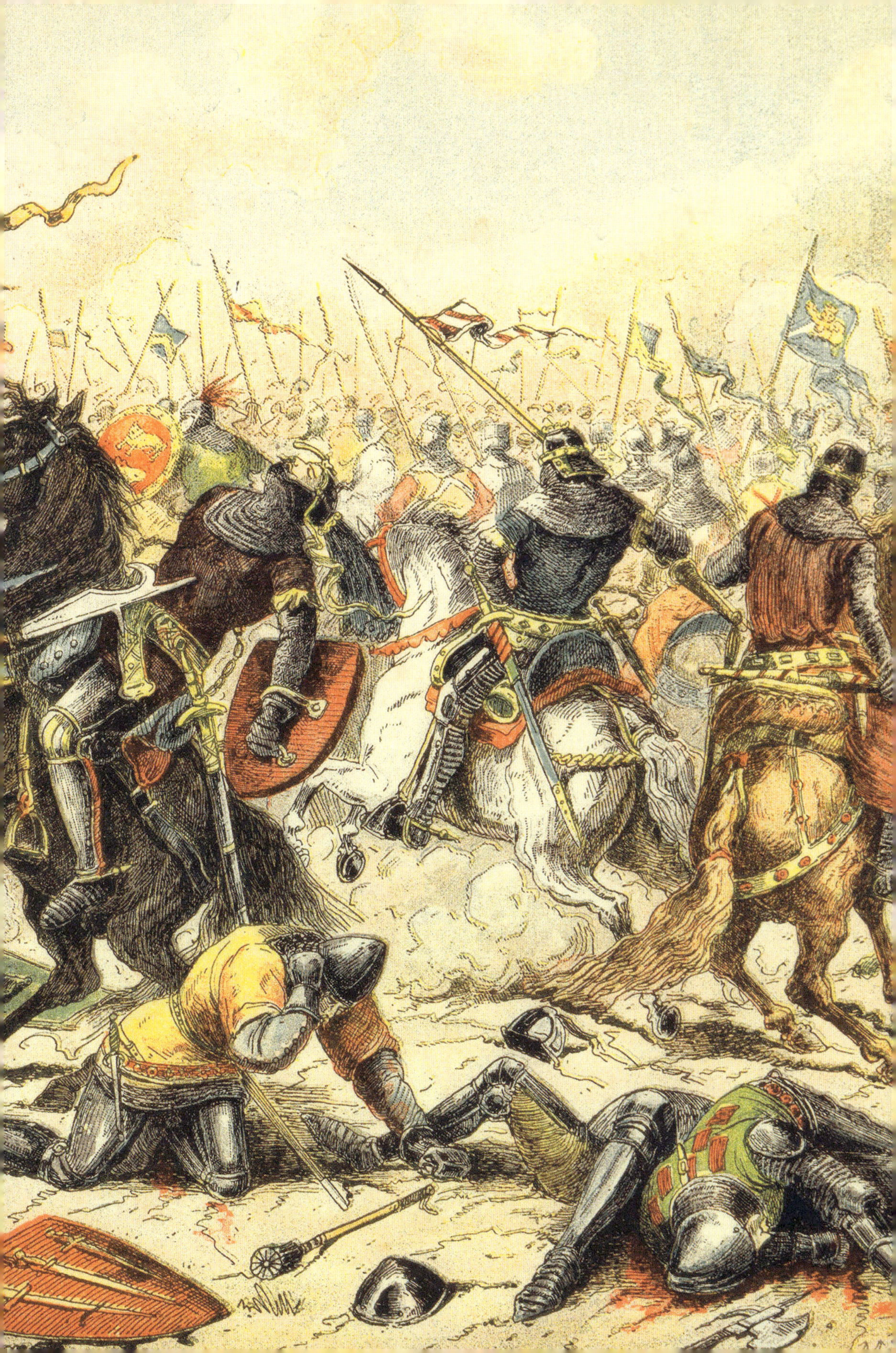

下图 1213年，约翰向英诺森教皇的使节屈服，请求教皇的宽恕。

面对约翰的突然到访，城堡的领主们很快就准备好了一切来迎接他。约翰自然希望他们为自己准备所有最好的东西，包括与他们的妻女同床，那些拒绝约翰性要求的女性往往会立即受到惩罚。有一位名叫休·德·内维尔（Hugh de Neville）的贵族，他的妻子给国王上贡了两百只鸡，才得以回到自己的床上与丈夫同房一宿。当时，所有女性包括贵族的妻子的所属权完全归约翰国王所有。

此外，英格兰贵族还要缴纳大量的其他税费，包括遗产继承的国王授予税、贵族女性结婚的王室许可税等。许多贵族不得不缴纳兵役免除税才能使他们的后代免于被送去服兵役，比如，威廉·德·布劳斯上贡了三百头牛和十匹马才换来了这个特免。

威廉·德·布劳斯曾是约翰的心腹，但后来彻底失宠了。可能是因为威廉·德·布劳斯的妻子莫德（Maud）泄露了约翰杀害他的侄子亚瑟这一事实（这位金雀花王国的

亚瑟王子被囚禁在威廉·德·布劳斯的城堡里，且暴毙了，狱卒把他知道的一切都告诉了威廉）。威廉曾一度被认为是英格兰最有权势的贵族，可如今约翰却开始用高额的税收来折磨他。

威廉的税费还没有到位，约翰便没收了他的城堡，并将其长子监禁起来作为债务的抵押。莫德知道被约翰囚禁的年轻贵族的下场，于是他们一家准备逃往爱尔兰。然而，莫德和她的儿子小威廉在途中被抓，随后就被正式监禁了。几周后，约翰切断了他们的食物供应，这对母子于十一天后被发现饿死在狱中。

这件事证实了约翰的残忍，也许这是他在位期间犯下的最大错误。他的此番罪行直接推动了《大宪章》中一个条款的界定："任何自由人，如未经其同级贵族之依法裁判，或经国家法律判决，皆不得被逮捕、监禁、剥夺法律保护权、流放，或加以任何其他损害。"1214年，约翰在布汶（Bouvines）战役中被腓力二世击败，他对法兰西的讨伐就此结束了，他不光彩地回到了英格兰。但是，对于约翰治下的贵族们而言，给他们带来最大伤害的并不是军事上的耻辱，而是他们为此付出的巨大代价。

由一百九十七名贵族中的三十九名组成的一支起义军，开始出征反抗约翰。与他们一起的还有1207年被约翰驱逐出境的坎特伯雷大主教斯蒂芬·兰顿（Stephen Langton），他说服教皇英诺森三世（Innocent III）下令禁止英格兰的一切教会活动，包括葬礼和洗礼。在六年时间里，没有听到英格兰教堂的钟声响起。在那个信仰盛行的年代，教会服务的缺失严重削弱了民众对约翰的支持，他的许多臣民开始看不起他。

于是，约翰将牧师的情妇都关押了起来，并拿走了所有他能找到的教会财宝，以此来反抗教皇的禁令。

当时的他绝不会把这笔财产归还给教会。然而，英诺森三世遂于1213年宣布废黜约翰的王位，并授权法兰西国王腓力二世执行这一敕令，最终约翰不得不向教皇请求宽恕。

作为与罗马教廷和解的条件，约翰允许斯蒂芬·兰顿回到英格兰，这位大主教随后也正式赦免了约翰。随后，兰顿坚持要求约翰签署《大宪章》（因其长度而非重要性得名）。这份条约包含六十三项条款，确认了封建贵族的权利，规定国王必须服从于法制，同时明确了所有"自由人"的人身权利。简而言之，《大宪章》保护了贵族在自己领地的权益不受侵犯，并禁止国王随意向贵族征税。

《大宪章》通常被认为是英格兰宪法自由的开创性象征，但它在当时却是一个"伟大的"失败。约翰一开始试图搪塞贵族，说他以后会考虑签署《大宪章》，拖

上图 1215 年，约翰在温莎城堡附近的兰尼米德草地上签署了《大宪章》。

延了很长一段时间后，他才同意在这份条约上签字。这一著名事件发生在 1215 年，当时国王和贵族们在温莎（Windsor）城堡附近的兰尼米德（Runnymede）草地上行贴面礼，并签署了《大宪章》。在签署这份条约的贵族中，威廉·马歇尔是少数几个还忠于约翰的贵族。

虽然约翰在兰尼米德签署了写在羊皮纸上的《大宪章》，但他并不打算遵守宪章里的任何规定，他只是在拖延时间来想办法压制贵族。随后，他便请求教皇英诺森三世将那些叛乱贵族逐出教会，教皇也照做了。然而斯蒂芬·兰顿拒绝执行这条法令，结果导致他自己也被停职了。

1215 年，贵族和约翰之间爆发了贵族战争。起初约翰占据上风，他夺取了叛军首领罗伯特·菲茨沃尔特（Robert Fitzwalter）的领地，并占领了他的城堡。当时，有几名反叛贵族躲在罗切斯特（Rochester）城堡，约翰便命人在几十头猪的身上绑上火把，然后把那些猪赶进城堡中用木桩支撑的地道里。

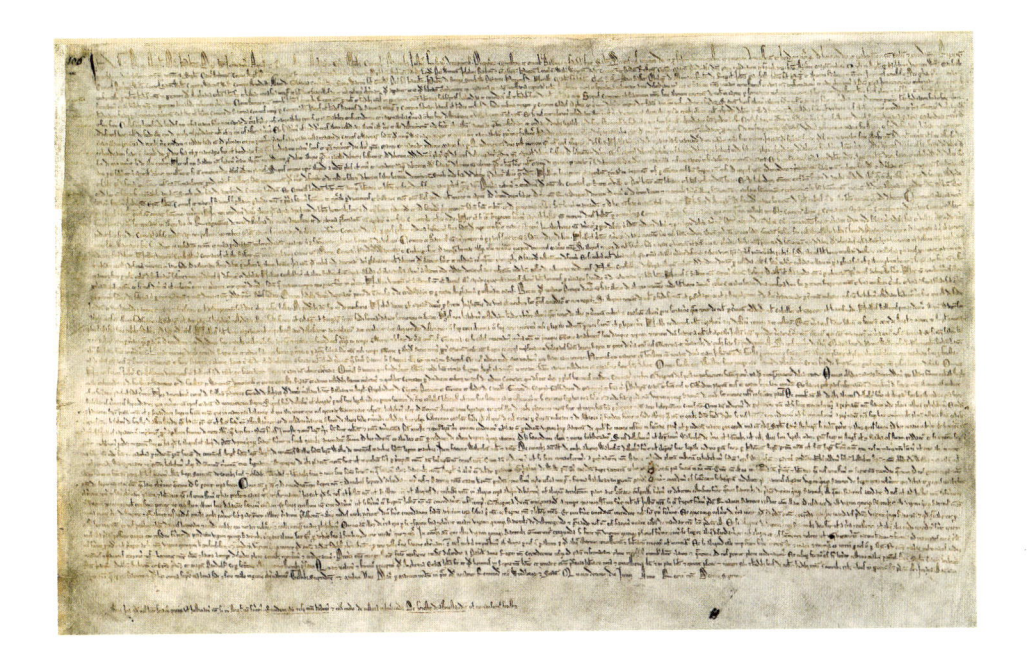

上图 保存在伦敦大英图书馆的《大宪章》副本。

有段时间，约翰因对外作战连连失败而受到国人的嘲笑，他想要赢得这场内战来证明自己的军事能力。然而，叛乱的贵族们已经占领了伦敦，并向法王腓力二世寻求援助，以其儿子路易之妻有金雀花家族血统为由，许诺让路易继承英格兰王位。

路易率军在多佛（Dover）登陆，几乎没有遇到抵抗就攻占了温切斯特城堡。许多之前效忠于约翰的人在此时都转向了路易，似乎连天意都站在路易这边。与此同时，约翰为了避开敌军，试图带领他庞大的骑兵队渡过东安格利亚河口，也就是沃什湾。但在这时，由于潮水上涨，约翰的行李车沉入了沼泽地里。这是英国历史上的一个著名事件，英格兰修士科吉舍尔（Coggeshall）的拉尔夫在《圣公会纪年史》（*Chronicon Anglicanum*）中记载道：

在此次出行中，约翰丢失了他的可移动礼拜室、马车以及车上装载的大量财宝和日常用品。由于他们急着穿过海湾，

下图 伍斯特大教堂里的约翰王石棺。时至今日，他仍然是一个不受欢迎的国王。

未经考量就动身出发了，结果遇到涨潮，因此许多随从也都掉进了海里，很快就被流沙吞没了。

结果，约翰所有的宝藏都被海水卷走了，据说甚至他的王冠也被冲到了海里。那一天可谓是约翰的末日。随后，约翰感染了痢疾，很快就在纽瓦克（Newark）城堡去世了，他的遗体后来被安葬在伍斯特大教堂。在许多英格兰人的记忆里，享年四十九岁的约翰是最可恨的国王之一，至少他的编年史作者当时是这样记载的。"约翰王一入地狱，连地狱都变得更加污秽了"，本笃会修士马修·帕里斯（Matthew Paris）这样写道。

罗宾汉

《大宪章》规定，开放国王设立的王室森林，放宽森林法的诸多限制。在此之前，英格兰的王室森林是国王的专属区域，森林中的动植物皆属国王私有。猎杀国王的鹿是一种犯罪行为，狩猎者将会受到严酷的惩罚，初犯者将被砍掉两根手指，再犯者将被挖掉眼睛。众所周知，当时有一群亡命之徒无视这些规定，他们住在皇家舍伍德（Sherwood）森林里，吃着国王的鹿肉，经常劫富济贫，这群人就是传说中的罗宾汉（Robin Hood）一类的人。

据说罗宾汉存在于12世纪，理查一世外出征战而约翰在掠夺土地的那段时间。然而，没有直接的历史证据证明罗宾汉的存在，对于他们的基地也没有一致的看法，一些学者认为他们住在南约克郡的巴恩斯代尔（Barnsdale）森林，另一些学者认为在诺丁汉的舍伍德森林。直到1377年，第一次直接提到罗宾汉传说的文献才出现，当时苏格兰编年史作者富尔顿的约翰提到了一个为亨利三世时期的反叛贵族西蒙·德·蒙德福特作战的罗宾汉。还有一份法庭卷宗记录，1225年，一个名叫罗宾·胡德的逃犯没有出现在王室法庭上受审。尽管在中世纪的英格兰，"Robin"和"Hood"（后者意为制造头罩的人）都是常见的名字。

下图 罗宾汉和他的手下在舍伍德森林招待理查一世。

HENRY III

第三章

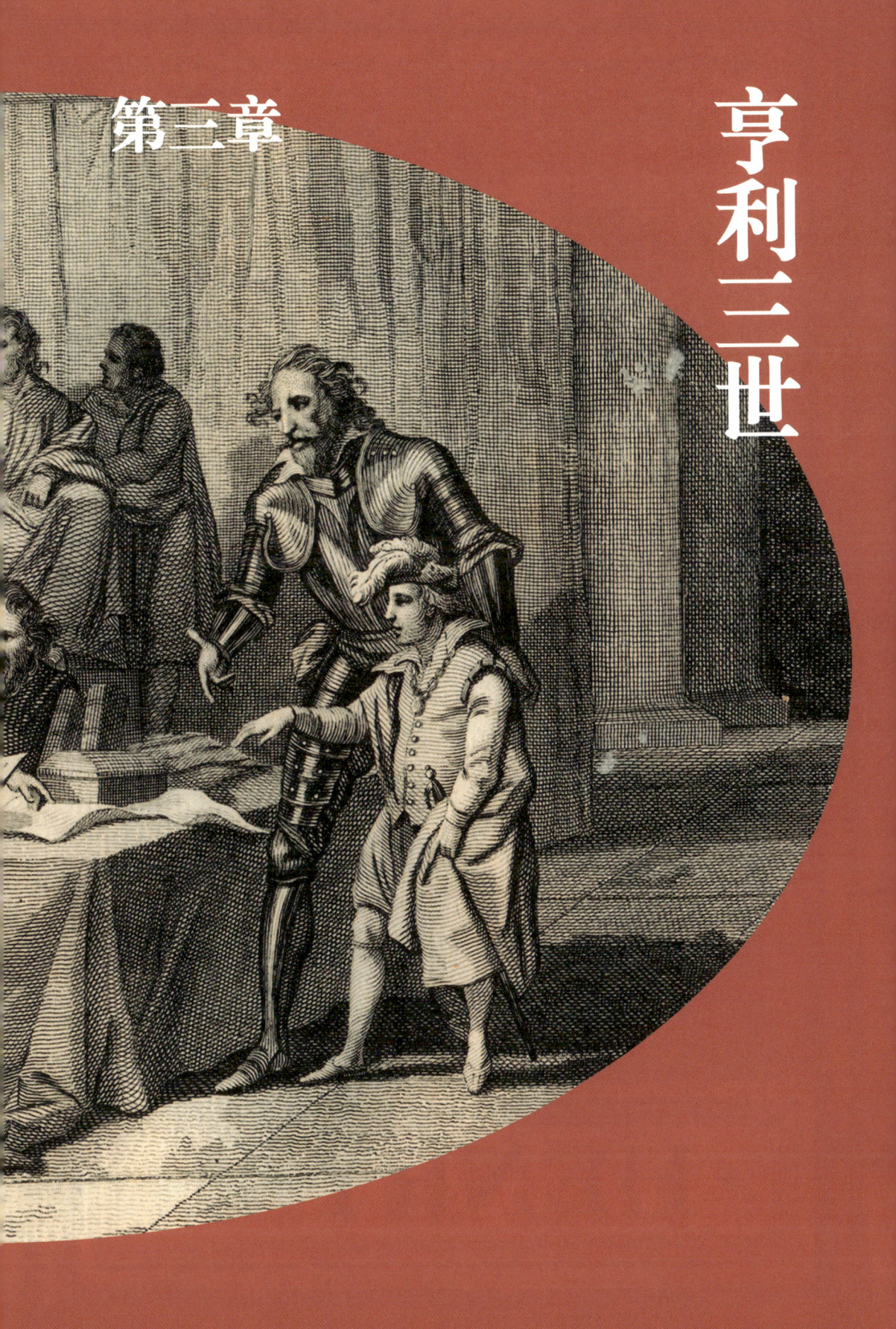

亨利三世

·HENRY·III

THE
PLANTAGENETS

亨利三世不像他的父亲或祖父那样是一个残暴的战士国王。相反，他是一个虔诚的君主，说话做事沉闷无趣，不过他容易受到别人的影响，这种易受影响的敏感经常干扰他的统治。他总是与其在宫廷中任命的那些强势人物格格不入。

1216年，亨利三世在父亲约翰死后加冕为王，当时他只有九岁。因为那时伦敦仍由法兰西王子路易控制（他在贵族战争期间占领了伦敦），所以亨利三世的加冕仪式没有在威斯敏斯特教堂举行，而是在格洛斯特（Gloucester）大教堂进行。众所周知，约翰丢失了王冠，因此亨利三世只能借用他母亲的金色凤冠加冕。

在约翰临终前，他让彭布罗克伯爵威廉·马歇尔发誓会照顾亨利三世。当时一切都是不确定的，不过金雀花王朝的命运可以取决于亨利三世的保护者——马歇尔，他曾被誉为"史上最伟大的骑士"，而他也一直在证明自己对王室的忠诚。他向约翰保证自己会守护好亨利三世，并且说道："我以上帝之名起誓，如果所有人都抛弃了亨利，你知道我会怎么做吗？我会把他扛在肩上，一步一步地，从一个岛扛到另一个岛，从一个国家扛到另一个国家，即使要我去乞讨，我也不会辜负他。"

这是马歇尔经典的侠义之言，而他也信守了他的诺言。马歇尔是一个如长辈般可靠的老臣，因此他也是亨利三世未来在宫廷内的倚靠。亨利三世在位五十六年，比其他任何一位中世纪国王的在位时间都要长，但他需要别人替他征战。

亨利三世表面唯唯诺诺，行事却过于冲动，而且容易受到他人影响，与他最后交谈之人的想法往往决定着他的意见。

对页图 什罗普郡布里奇诺斯市政厅彩绘玻璃窗上的亨利三世画像，他有着金雀花家族的金红色头发。

他还是一个唯美主义者和空想家,虽然想要扩张自己的领土,但由于其判断力差和能力的欠缺,所以他总是失败。

很多人都认为他是个傻瓜,其低垂的眼睑和日益圆润的身材与这个形象很是相配。他脾气还非常暴躁,和金雀花家族的人一样经常动不动就发脾气。有一次,他撕掉了一个宫廷弄臣的衣服,还把另一个弄臣扔进了泰晤士河。不过,亨利三世却是一名虔诚的教徒,他尽一切可能去参加弥撒。据说,每当经过正在举行礼拜的教堂,他都会停下来参加,这就导致他的出行经常要比原计划延误好几个小时。

也许是约翰任命的摄政委员会一直指导亨利三世的缘故,导致亨利三世对他人的依赖性极强。该委员会里有很多优秀的领袖,比如温切斯特主教彼得·德·罗什(Peter des Roches)、首席政法官休伯特·德·伯格(Hubert de Burgh)、威廉·马歇尔等。

摄政委员会第一项行动就是将路易赶出英格兰国境,同时击败那些仍然支持他的国内贵族。1217年,威廉·马歇尔率先在林肯(Lincoln)城堡向路易发起进攻,并俘获了他的许多英格兰盟友。威廉·马歇尔的一些手下随后疯狂洗劫了林肯集市,尽管这个小镇一直忠于英格兰国王。

林肯之战是贵族战争的转折点,也几乎算是路易在英格兰的终点。他先逃到了伦敦,然后便向威廉·马歇尔提出投降谈判。不过接着事情就发生了转折,路易的妻子卡斯蒂利亚的布兰卡(Blanche of Castile)带领一百名骑士和他们的手下,在加来(Calais)集结了一支由八十艘船组成的舰队。随后路易得到消息,这支舰队已于1217年8月24日启航前来英格兰。休伯特·德·伯格火速率领由四十艘船拼凑的临时舰队出海拦截法军,即著名的桑威奇之战。休伯特·德·伯格面临的主要敌手是前本笃会修士尤斯塔斯(Eustace),后来他成了英吉利海峡上的一名海盗,经常劫掠英格兰商船。

上图 威廉·马歇尔把年轻的亨利三世介绍给英格兰贵族。

对页图 卡斯蒂利亚的布兰卡组建了一支舰队,前往英格兰增援她的丈夫路易王子。

· BLANCA · REGINA · FRANCIÆ · LVDOVICI · VIII · REG · VXOR ·

BLANCHE
ESPOVSE DV ROY
LOVIS VIII.

XLII.

a la St. Chapelle
a Paris.

桑威奇之战

1217年8月24日上午,休伯特·德·伯格率领一支小型英格兰舰队出海拦截,而威廉·马歇尔则留在岸上为部队登陆做准备以防己方战败。休伯特·德·伯格的策略是:带领几艘船全速驶向法兰西的主力舰队,给敌军造成打算与之交战的假象;然后,他便下令其他船只直接穿过法军防线的缺口。另一边,尤斯塔斯正命其船舰驶进泰晤士河河口,前往伦敦增援路易。不过,击沉这支明显劣势的英格兰舰队对尤斯塔斯的诱惑也很大。

当敌军在交谈的时候,休伯特·德·伯格实施了他计划的第二步,那就是调转船头,驶向正处于下风口的法兰西舰队。当时,成排的弓箭手出现在甲板上,向法兰西舰队发出一拨又一拨的齐射。他们还把一盆盆生石灰扔到法军的甲板上,弄得敌人睁不开眼,陷入一片混乱中。随后,英军船舰停了下来,士兵们跳到法军的船上开始屠杀敌人。这场战役以尤斯塔斯及其舰队的大溃败而告终,而尤斯塔斯本人也被斩首,英军举着他的头颅在多佛和桑威奇的街道上游行示众。

下图 桑威奇之战是英格兰战胜法兰西的著名海战。

左图 桑威奇之战后,英军在多佛游行。

尤斯塔斯并不像罗宾汉那样劫富济贫,相反,他横行无忌且逍遥法外。据说,他曾到托莱多(Toledo)学习过巫术。他经常弄瞎敌人的眼睛并肢解他们的尸体,有时为了摆脱追捕者,他会把马蹄铁卸下,以便在逃跑中迷惑他们。尤斯塔斯已经习惯了长期在肮脏的街道上打斗的生活。就像战争前夕很多战士一样,他也相信自己一定会在桑威奇之战中打败英格兰人。

桑威奇之战结束了路易在英格兰的征途。他接受了威廉·马歇尔的七千英镑,作为退出伦敦的条件,同时他还承诺在其成为法兰西国王后,将本属于金雀花王国的领土悉数奉还。但是后来,路易并没有兑现这一诺言。驱逐路易是威廉·马歇尔对金雀花王朝所做的最后贡献,1219 年,他便与世长辞了。

一年后,亨利三世在威斯敏斯特教堂举行了正式的加冕仪式,并在贵族面前确认了《大宪章》。1223 年,年满十六岁的亨利三世完全掌控了王权,不再依赖他的摄政委员会。他立即制定了扩张领土、建造宏伟殿宇的计划。他还提出了其他各种各样的计划,都是大臣们向他提议的。一位同时代的人曾这样评价亨利三世:"他的思想似乎没有坚实的基础,每一个突发事件都会让他变得激情四射。"

亨利三世喜欢王权带给他的虚荣,时常举办各种浮华的活动来体现他的身份。

Apres son regna Henry le terz sun fiz. lvi. aunz. si
fuist de .ix. aunz de age quant fuist corone. Ce sun
tens fuist la bataylle de Euelshm. ou fuist occys syr
Symund de munfort. e sun fiz henry. e syre hugh le des
penser e multz des barons e des chevalers de Engle
tere. Puis mourust cyl henry le roy. e gist a Westmuster.

这些活动包括复杂的宗教仪式、冗长的宴会和精美物品的展示，比如圣物、奢华的衣服珠宝、异国的珍奇动物等。

亨利三世是一个爱做白日梦的国王，他想要的生活却远远超出了自身的能力范围。与约翰或亨利二世相比，他显得非常贫穷。金雀花王国失去在法兰西的土地后，原本可以从中获取的巨额收益就减少了许多。亨利三世也因《大宪章》而感到沮丧，因为当他需要用钱时，自己不能像先辈理查一世和约翰那样只要征税就可以了。贵族们不仅控制了流入王室金库的货币数额，而且如果他们不同意资金的用途，就会直接切断货币供应。

简单的成本问题似乎就超出了亨利三世的理解范围。他在统治初期决心要夺回诺曼底的家族领地，然而贵族们并不认同他的王朝野心，其中的大多数拒绝提供金钱和人力。因此，亨利三世只能单枪匹马前往诺曼底，希望得到当地民众的支持，然而事情不遂人愿。他带领军队绕着诺曼底行进，但并未真正与敌军交战。当时看到那一幕的人都说，亨利三世的军队看起来像是在进行军事游行或演习。平静的几个星期过后，亨利三世就启程返航了。他的伯伯狮心王理查一世如果泉下有知，一定不会瞑目。

亨利三世现在面临的问题是，他不再有一个像威廉·马歇尔那样的铁腕人物来给他提供军事建议或辅助他领导军队了。不过，他确实找到了一个人可以替代威廉·马歇尔。这是一个名叫西蒙·德·蒙德福特的法兰西骑士，他来到英格兰宫廷希望亨利三世授予其莱切斯特（Leicester）伯爵的身份，他认为这是他与生俱来的权利。

蒙德福特是一名宗教狂热分子，他穿着苦行衫，戒绝世俗的享乐，并以彻夜祈祷而闻名。他被认为是一位聪明的战术家，曾与父亲一起在图卢兹（Toulouse）屠杀异教徒。他也很有干劲和野心，因此他很快就得到了亨利三世的喜爱。

对页图　一幅关于英格兰国王亨利三世加冕的13世纪插画。

下图　这幅中世纪插画描绘了1236年亨利三世与普罗旺斯的埃莉诺结婚的场景。

右图 西蒙·德·蒙德福特与亨利三世争论不休。众所周知，这对曾经的好朋友最后也闹翻了。

　　与亨利二世和托马斯·贝克特的友谊相似，蒙德福特不久成了亨利三世的宠臣，社会地位随即也得到了迅速提升。亨利三世封他为莱切斯特伯爵，并把自己的妹妹埃莉诺许配给他，然而这却造成了一个巨大的丑闻。埃莉诺是整个欧洲的理想结婚对象，她本应该与欧洲大陆上一位重要的国王结婚，而且她在前夫小威廉·马歇尔（威廉·马歇尔的长子）去世后还发誓会从此保守贞洁。包括亨利三世及埃莉诺的兄弟康沃尔（Cornwall）伯爵理查在内的许多贵族都反对这桩婚姻。最后，亨利三世只能拿出金钱来安抚理查及其他贵族。

　　亨利三世将埃莉诺的嫁妆据为己有，并没有交给他的新好友西蒙·德·蒙德福特。这对蒙德福特来说很棘手，因为他在贵族阶层的迅速突起已经让他花了一大笔钱，而且他很快意识到他的新婚妻子已经习惯了奢侈的生活。因此，他不得不向萨沃伊（Savoy）的亨利（国王亨利三世之妻普罗旺斯的埃莉诺的兄弟）借了一笔钱来偿还债务。或许蒙德福特过于天真，他用亨利三世的名字作为这笔借款的担保人，但却没有通知亨利三世。

亨利三世得知后勃然大怒。一开始，蒙德福特试图辩解，但亨利三世并不买账，并且对他咆哮道："当我发现你勾引了我妹妹后，为了避免流言蜚语，我违背自己的意愿把她嫁给了你！"更多的控诉接踵而至，蒙德福特夫妇别无选择，只能从英格兰逃到了法兰西。那些对英格兰宫廷所发生过的事件记忆犹新的人都知道激怒金雀花家族成员的后果。

虽然两人都公开表示后悔那一天结识了对方，然而，亨利三世和蒙德福特在某种程度上却有着千丝万缕的联系——他们之间的权力斗争为历经数百年的英格兰君主政体确立了新模式。

> 他们之间的权力斗争为历经数百年的英格兰君主政体确立了新模式。

对外征战

亨利三世忘记了他十二年前入侵诺曼底失败的教训，后又开始着手收复金雀花王国的前领地普瓦图（Poitou）。该地区的贵族正在反抗法兰西新国王路易九世（腓力二世的孙子）的统治，其中一位贵族是亨利三世的继父休·德·吕西尼昂（Hugh de Lusignan）。当时，吕西尼昂家族请求亨利三世援助他们，并承诺会将战利品与他平分。

亨利三世向英格兰贵族提出了发动普瓦图战争的要求，但他又一次被贵族们拒绝了。就像诺曼底之行一样，亨利三世只能自掏腰包来支撑这场战争的开销。1242年，亨利三世率领两百名骑士启航前往法兰西，然而这次出征将是一场灾难。

亨利三世在普瓦图被他所谓的盟友出卖了，此外，在战场上他也被路易九世彻底击败。事实上，亨利三世是金雀花王朝有史以来最糟糕的将领。于是，他只好恳求西蒙·德·蒙德福特来帮助他摆脱路易的围困。蒙德福特默许了他的请求，甚至在他撤退时还勇敢地为他断后，撤退时与路易军队展开了遭遇战，但这场战斗最终也以失败告终。

随之而来的是这两位昔日好友的对峙。蒙德福特将亨利三世与查理三世（Charles the Simple）相提并论，查理三世是

上图 1242年的泰勒堡之战是法兰西击败亨利三世的著名战役，由此终结了亨利三世对普瓦图的收复计划。

加洛林（Carolingian）王朝一位以软弱著称的国王，他曾收买维京人罗洛（Rollo），封其为诺曼底公爵。亨利三世被激怒了，但是他却无话可说，因为蒙德福特的言语攻击虽然伤人但却是事实。普瓦图的战败令亨利三世损失了八万英镑，并蒙受了巨大的耻辱。此时，亨利三世在认真考虑是否因蒙德福特的忤逆之言而处决他。

令人惊讶的是，普瓦图战败后，亨利三世决定奖励蒙德福特而不是惩罚他。他将凯尼尔沃思（Kenilworth）城堡赠予蒙德福特，并提议任命他为自己在加斯科涅（金雀花王朝在法兰西仅存的领土）的助理。事实上，亨利三世这样做是因为需要蒙德福特来解决加斯科涅当时发生的叛乱，而凯尼尔沃思城堡就是给他的好处。然而，亨利三世不久就会非常后悔把蒙德福特召回王室这一决定。

威斯敏斯特教堂

亨利三世在威斯敏斯特教堂等宗教建筑的建造上投入了大量资金,他重建此教堂是为了致敬盎格鲁－撒克逊国王忏悔者爱德华。亨利三世对爱德华感到十分亲切,因为他是唯一被封为圣徒的英格兰国王。

威斯敏斯特教堂有着哥特式拱顶、大理石地板以及巨大的彩绘玻璃窗,这些富丽堂皇的装饰象征着亨利三世的王权和虔诚。未来的国王们都将在威斯敏斯特教堂举行加冕、结婚和安葬仪式,英国王室婚礼至今仍在此举行。亨利三世花了一大笔钱重建及装饰该教堂,据估计最终花费约五万英镑,是他年收入的两倍之多。

从1245年开始,亨利三世耗费大量心血来重建威斯敏斯特教堂。贵族们抱怨用于教堂游行和烛火的花费太高。有一次,亨利三世买了一个据说装着耶稣之血的瓶子,贵族们都被吓坏了。该圣物的真实性已经得到了圣地主教们的证实,这件宝物是在严密的安保下被偷运到英格兰的。

亨利三世将这一小瓶血埋在威斯敏斯特教堂,而此番举动被他弄成了一场庄严的公开表演。他穿着简单的斗篷,在圣保罗大教堂领受那瓶圣物,接受一群牧师的洗礼,然后便开始祷告,彻夜未眠。

在寒冷的秋日黎明时分,一群蒙面的教士手持火把和十字架走向威斯敏斯特教堂。亨利三世在前面带路,他把那瓶圣物举过头顶,在游行期间一直盯着它。待游行队伍到达威斯敏斯特教堂后,亨利三世脱下他那件朴素的斗篷,露出里面华丽的金丝长袍。随后,将这瓶圣物存放在一个神龛里,以吸引大批朝圣者来此朝拜。然而,他们并没有来威斯敏斯特教堂。即使是在信仰盛行的时代,也很少有人认为血液可以保存十三个世纪,即便那是耶稣的血。于是,很快就有传言说那个瓶子里实际上装的是藏红花和蜂蜜,也有人说只是每周都要灌满一次的鹅血。

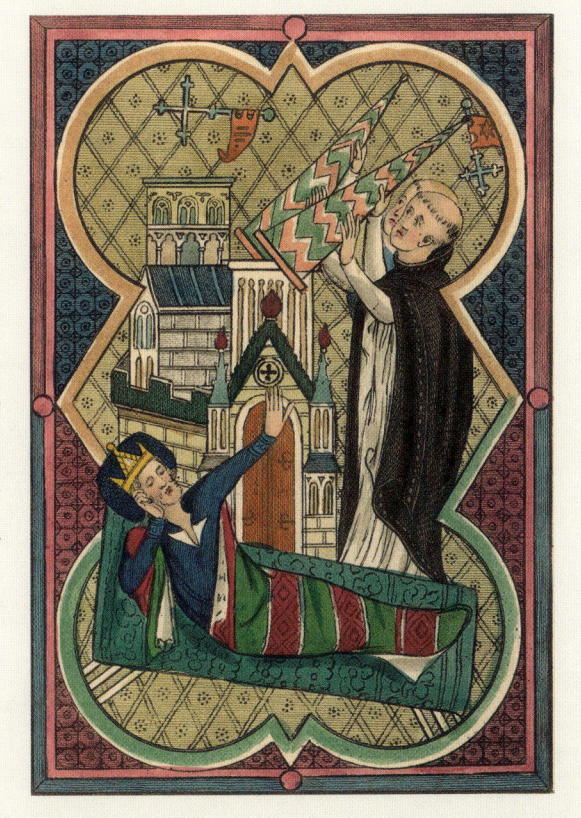

右图 亨利三世正在监督宗教建筑的建造。

跨页图 亨利三世迎接他的妻子——普罗旺斯的埃莉诺，此前伦敦人向埃莉诺的随从扔臭鸡蛋和烂菜叶。

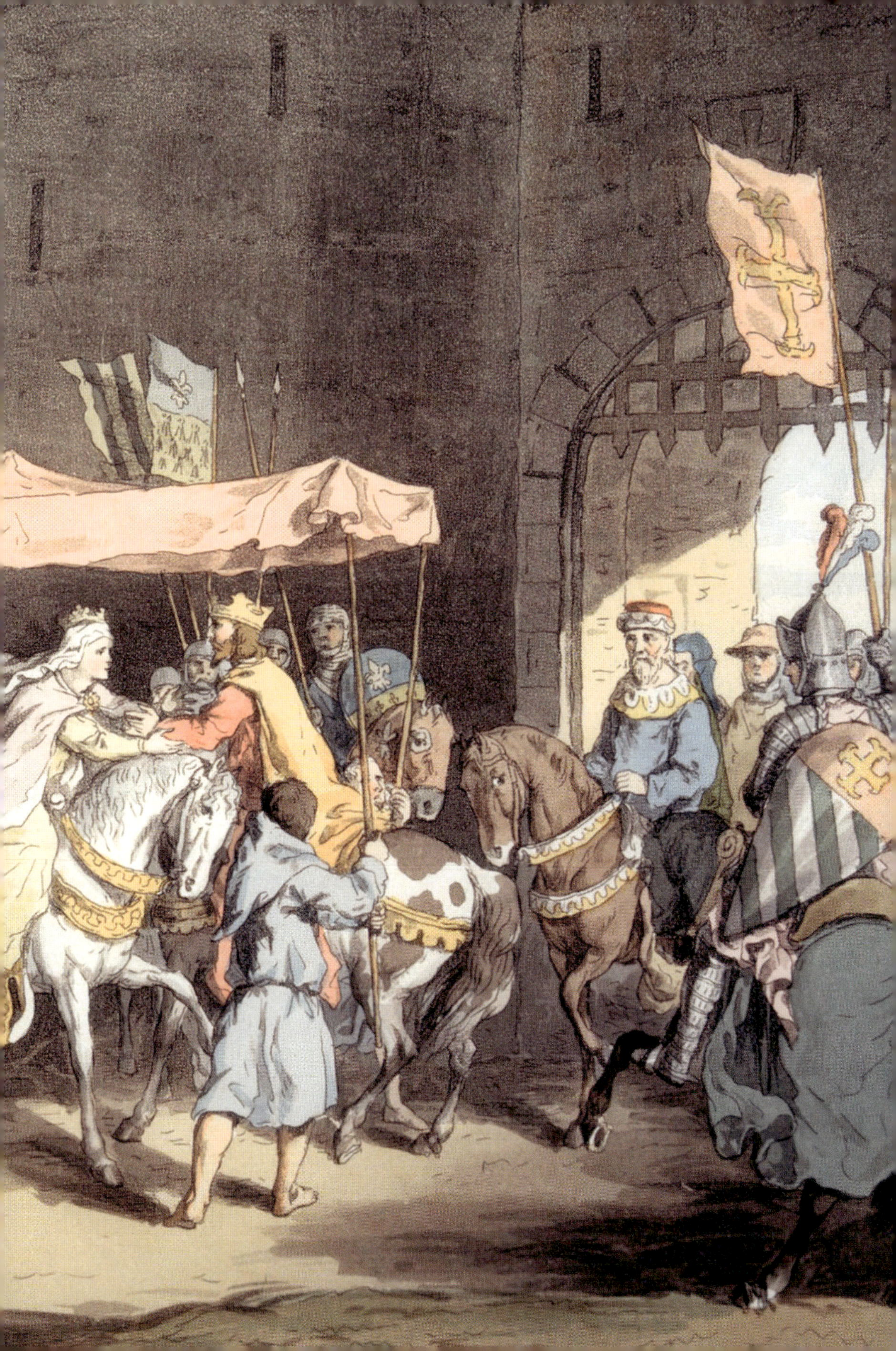

> 英格兰正兴起一股民族主义狂潮，随之而来的是对外国人越来越明显的憎恶。

亨利三世此时正兴致勃勃地计划招兵买马的事情。于是，在蒙德福特启程前往法兰西后，他便邀请了大批来自普瓦图的吕西尼昂表亲。他们一到英格兰就获得了亨利三世封赏的爵位和大量土地，而这些财产往往是从英格兰贵族那里没收来的。当时，法语仍然是宫廷的官方语言，但不会说英语的大臣却经常受到当地贵族的嘲笑。由于法兰西仅有少量亨利三世的领土，因此英格兰正兴起一股民族主义狂潮，随之而来的是对外国人越来越明显的憎恶。

这种仇外情绪产生于13世纪30年代，当时亨利三世邀请了妻子埃莉诺的几个叔叔，即萨瓦人（Savoyards）来担任他的顾问。不过，他们只是几个初来乍到的法兰西人，亨利三世的前摄政委员彼得·德·罗什是法兰西人，亨利三世的母亲也是。西蒙·德·蒙德福特当然也是法兰西人，但他长期生活在英格兰，更容易被仇外者接受，因此能够设法避免受人诟病。但是，蒙德福特憎恨新来的吕西尼昂人，萨瓦人也讨厌他们，大多数英格兰人民都是如此。

亨利三世邀请那些吕西尼昂人来到英格兰如此之迅速，这显然不是他的典型作风，而这一行为更像是一种讽刺。当吕西尼昂人大批离开普瓦图时，这群法兰西人简直不敢相信自己的运气。简单地说，这些吕西尼昂人都是一群坏家伙，目中无人，野蛮粗暴，还总是喜欢打架。没多久，他们就无缘无故地闯入兰贝斯宫（Lambeth Palace，坎特伯雷大主教官邸），并将其洗劫一空。他们还将宫殿里的财宝和人质带回法纳姆（Farnham）城堡以勒索赎金，并且没有人因为此番暴行而受到亨利三世的惩罚。

因为对亨利三世而言，这些吕西尼昂人在他需要帮助的时候为他提供了人力和金钱，所以他可以对这些人的暴行睁一只眼闭一只眼，他甚至还下令不准起诉他们。然而，这犯下了一个严重的错误，即直接违反了他签订的《大宪章》，该条约规定君主的职责是要维护司法公正。随后，英格兰贵族直接写信向教皇申诉,他们的信中写道:"如果有人对吕西尼昂人提出申诉并要求审判他们,国王就会以最离奇的方式反对申诉人,这个本应公正司法的人此时此刻变成了可怕的敌人。"

变盟友为敌是亨利三世常做的事情,没有什么比1248年他将蒙德福特从加斯科涅召回更能说明这一事实了。当时他听说蒙德福特欺压当地百姓,比如蒙德福特下令砍掉了加斯科涅(葡萄酒产区)的葡萄树,这种行为无疑给当地葡萄种植者造成了极大的损害。亨利三世请加斯科涅的申诉人来到伦敦,让他们在王室委员会前对蒙德福特提出控告,这让蒙德福特感到非常震惊。在这场指控过程中,蒙德福特和亨利三世进行了激烈的争论,修士马修·帕里斯把这个名场面记录了下来。

"谁会相信你是个基督徒?你忏悔过吗?"蒙德福特问亨利三世。

"我当然忏悔过。"亨利三世反驳道。

"没有苦行和赎罪的忏悔有什么意义呢?"蒙德福特回击。

下图 亨利三世在威斯敏斯特教堂大厅与主教对峙,他正面临着被教皇开除教籍的威胁。

正如这对昔日好友在普瓦图战败后的那次争论一样，蒙德福特的话深深刺激到了亨利三世。那天，法庭上几乎没有人对蒙德福特的评价提出异议，因为那都是关于亨利三世的事实。

简而言之，亨利三世从未吸取过教训，他一次又一次地重复犯同样的错误，还妄想这些错误能够带来不同的结果。接下来发生的事情是另一个例子。

王室委员会做出了有利于蒙德福特的裁决，因为很明显王室委员会支持的是蒙德福特而不是亨利三世，而明智的人会选择接受。然而亨利三世恰恰相反，他推翻了对蒙德福特的判决，然后提出了一个令人不解的折中方案，即他付给蒙德福特一笔钱让其放弃现任职务，然后他再亲自前往加斯科涅调查对他的指控是否属实。蒙德福特如同被雷击一般地怔住了，到此刻为止，他们曾经深厚的友谊已经荡然无存。

亨利三世制定了一项扩大王室疆域的新计划——入侵西西里岛，但这引起了众臣对他能力的担忧。该计划最初是教皇的主意，他提议亨利三世可以打着自己的旗号入侵西西里，接着任命亨利三世的儿子埃德蒙（Edmund）为西西里的国王。其实这并不是一个新计划。几年前，教皇就曾向亨利三世同父异母的兄弟康沃尔伯爵理查提出过同样的计划，但理查当即回绝，并对其派来的代表说道："你还不如说：'我愿意把月亮卖给你，你现在可以上天把它摘走。'"

然而1255年，亨利三世却接受了这个提议，他将贵族召集在一起并对他们说，每个人都要为此次计划提供钱财。更令人震惊的是，亨利三世透露如果他同意入侵西西里岛，无论最后是否出征，他都得向新教皇亚历山大四世支付135541马克，这是一笔令人头疼的数目。虽然亨利三世想借这次机会将他的儿子埃德蒙介绍给众贵族，可是他却没有想办法平息对方的怒火。当时埃德蒙穿着西西里传统服饰，仿佛已经成了西西里的国王。

崩溃一触即发。1257年，威尔士亲王卢埃林·埃普·格鲁福德（Llywelyn ap Gruffydd）率军进攻了英格兰边境。同年，英格兰农作物歉收，致使主要粮食作物小麦价格涨了一倍，引发了全国范围的大饥荒。编年史家马修·帕里斯描写了当时英格兰乡村闹饥荒的场景："数不清的穷人，身体浮肿的，身上溃烂的，三五成群地躺在猪圈里、粪堆上，还有泥泞的街道上。"

更糟糕的是，可恨的吕西尼昂人在此时还公开对其他贵族施加暴力，其中包括杀害著名贵族约翰·菲茨杰弗里（John FitzGeoffrey）的一个家仆。然而，亨利三世并没有采取任何措施来约束这些吕西尼昂人，因为他越来越依赖他们为自己提供的钱款，尤其是在他因同意进攻西西里而产生新的债务后。况且亨利三世还受到威胁，如果他不偿还那笔钱就会被开除教籍。亨利三世的父亲约翰曾让英格兰经历了六年的禁行圣事,但是在亨利三世的统治下这种情况是不可能发生的。他的无才无能在此时已一览无余。

1258年,西蒙·德·蒙德福特带领一群全副武装的英格兰贵族进军威斯敏斯特教堂,径直朝亨利三世的宝座走去。

"诸位这是要做什么,难道要俘虏我不成?"亨利三世问道。

> 可恨的吕西尼昂人在此时还公开对其他贵族施加暴力。

左图 贵族们与亨利三世对峙,迫使他接受《牛津条例》。

"不是的,陛下。"诺福克公爵罗杰·毕格德(Roger Bigod)答道,"我们只是想让可恶的普瓦图人(吕西尼昂人)和所有外族人从你我面前消失,就像其他动物逃离狮子的攻击一样。如此一来,上帝就会获得无限荣耀,人民就会获得永久安宁。"

贵族们把剑留在了正厅门口,但毫无疑问这是他们给亨利三世下的最后通牒:要么接受他们提出的条件,要么面临他们暴力的反叛。后来,贵族们逼迫亨利三世通过了一项宪法改革方案,史称《牛津条例》(The Provisions of Oxford)。只有当亨利三世同意与由贵族选举产生的咨议会分享权力后,贵族们才会继续支持他。那时的亨利三世别无选择,只能同意,不过他也在暗中计划如何毁约。

《牛津条例》

《牛津条例》被公认为是英国议会民主制的基础,当时该条例是以英语、法语和拉丁语发布的,由此表明英语语言的重要性日益提高。

此条例的规定相当简单:由国王和贵族各半推选出一个二十四人委员会,且国王须与其选举产生的"十五人咨议会"共同施政。该议会每年召开三次会议,届时还将调查地方官员(如治安官)是否存在滥用职权的行为。每个郡派选四名骑士去听取普通民众的指控,然后将这些诉讼呈交给首席政法官。当时有一个案例:诺丁汉有一个名叫格拉斯顿的理查的逃犯,他在遭到当地治安官殴打后对其提起了法律诉讼。

《牛津条例》的颁布引起英格兰国内热议。站在国王一方的代表主要是吕西尼昂人,他们立即变得喧嚣吵闹,咄咄逼人。西蒙·德·蒙德福特戳穿了他们的虚张声势,并喊话除非吕西尼昂人交还亨利三世之前赠予他们的英格兰城堡和土地,否则他们就会掉脑袋。许多吕西尼昂人意识到形势最终会对他们不利,于是纷纷逃离英格兰回到了法兰西,就像一群老鼠正在抛弃一艘正在下沉的船。

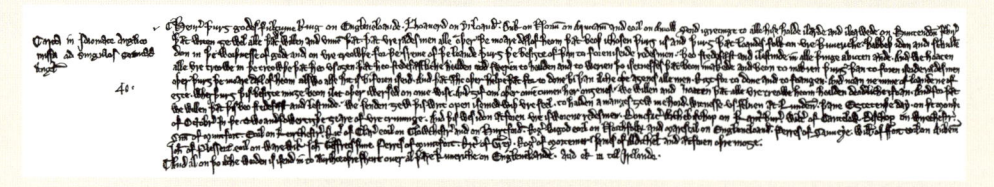

上图 《牛津条例》手稿原件的副本。

陷入内战

亨利三世向教皇游说,希望得到上帝的帮助,从而逃避他在《牛津条例》下需尽的职责。1261年,教皇亚历山大解除了亨利三世的宣誓,随后亨利三世住进了伦敦塔,伦敦塔是诺曼人统治英格兰的伟大象征。同时,亨利三世还开始征募雇佣兵,以便他能收回贵族从吕西尼昂人手中夺走的城堡,借此再把那些吕西尼昂人请回英格兰。

与此同时,西蒙·德·蒙德福特已经不再对亨利三世抱有任何幻想。1263年,蒙德福特向议会谴责国王违背了他对《牛津条例》的承诺。一场内战迫在眉睫,当下的英格兰迅速分裂为叛军阵营和保王派阵营。

许多英格兰贵族已经在各个郡发动了以"英格兰人的英格兰"为口号的宣传战。具有讽刺意味的是,他们所谓的"第二次贵族战争"的一方是由法兰西人西蒙·德·蒙德福特领导的,他占领了伦敦并在那里建立了自己的国务委员会。作

上图 一幅作于19世纪的绘画作品,描绘了亨利三世在1264年刘易斯战役中战斗的场景。

上图 亨利三世把巨大的凯尼尔沃思城堡赠予西蒙·德·蒙德福特，但没想到这座城堡后来却成了关押自己的监狱。

为回击，亨利三世攻打了叛军据点北安普顿，当时他手中挥舞着一面红龙旗（王室旗帜），以表明他绝不会对叛军手下留情。至此，亨利三世与蒙德福特在战场上正面交锋只是时间问题。

1264年5月14日，在萨塞克斯郡（Sussex）的刘易斯（Lewes）发生了一场激烈的交锋。作为一名战场老将，蒙德福特并不畏惧亨利三世，但对亨利三世的儿子爱德华却截然相反。

爱德华身材高大，体格强壮，对作战充满信心，比起无能的父亲，他更像好战的亨利二世和理查一世。爱德华为亨利三世一方提供了极大的战斗力。他曾对蒙德福特及其叛军宣称："你们不会得到和平，除非你们都在自己的脖子上绑上绞索，把自己交给我们绞死。"

从刘易斯战役爆发开始，爱德华就展现了自己的勇猛。有一场激战发生在唐斯（Downs）高地（刘易斯的丘陵地带），当时蒙德福特在人数上处于劣势，但却占据了较高的地势。他带领的三百名骑士对抗一支至少由一千名骑士组成的王室军队，双方拉开了一条绵延约一千六百米的战线。那时，爱德华袭击了一群充当士兵的乌合之众，他们曾在伦敦朝他的母亲埃莉诺扔臭鸡蛋和烂菜叶。爱德华在比武大会中磨炼了自己的格斗技巧,所以他当时直接以近战的方式,在唐斯高地追着伦敦人肉搏,一边追捕一边残杀他们。

这是战场新手一般会犯的错误。没有了爱德华的支援,亨利三世的军队很快便在蒙德福特那些久经沙场的骑士面前土崩瓦解了。等到爱德华重返战场时,亨利三世已经被包围了。随后,蒙德福特与其部下讨论是否要斩杀这些保王势力。大家劝他手下留情,于是他只好接受亨利三世的签字承诺,即亨利三世继续遵守《牛津条例》的规定。刘易斯战役结束后,亨利三世至少在名义上仍是国王,他被囚禁在凯尼尔沃思城堡,受到蒙德福特的监视。

蒙德福特在凯尼尔沃思城堡内见到了国王,并问道:"你在害怕什么?风暴现在已经过去了。"亨利三世答道:"我非常害怕雷鸣闪电,但是我向上帝发誓,你比世上所有雷电加起来都更令我害怕。"

在接下来的十五个月里,亨利三世扮演着傀儡国王的角色,对于蒙德福特及其议会制定的政策,他只能盖章同意。然而,一种民族主义情绪的反弹此时正在英格兰蔓延开来。马修·帕里斯是当时最有名的编年史作者之一,他本人特别仇外,因此他曾赞扬过一名为保持英格兰种族纯洁而战斗的贵族。这个国家仍处于内战之中,外国雇佣兵正在各个乡村大肆烧杀掠夺。与此同时,站在多佛白色悬崖上的哨兵则担忧地扫视着地平线,搜寻着入侵者的身影。

被关押在多佛城堡的爱德华王子暗中筹谋了越狱计划。有一天,他和狱卒一起外出骑马,途中与其玩了一个"寻找最快的马"的游戏。爱德华一找到那匹最快的马,就疾驰而去,借此机会成功逃脱了。此时,罗杰·德·莫蒂默男爵正在附近的树林里等着他,待他们碰面后,两人便一起骑马离开了多佛,去别处重新组建了军队。

1265年,爱德华与蒙德福特在伊夫舍姆(Evesham)战役中交战,他孤注一掷,试图重振金雀花王国在英格兰的势力。这一次,爱德华将其军队部署在高地上,迫使蒙德福特不得不从镇上策马向他冲过来。在赶往高地的途中,一场雷暴轰然而至,这在那时是即将发生大事的不祥之兆,当时蒙德福特清楚地看到自己在兵力上处于劣势,寡不敌众。在这个非比寻常的失败时刻,有人听到蒙德福特说道:"愿上帝怜悯我们的灵魂,因为我们的身体即是他们的身体。"

如果蒙德福特在战场上倒下,他也会决心让亨利三世和他一起。于是,他在作战前给亨利三世穿上了自己的军服,几乎可以以假乱真。当时,爱德华派出了一支由十来名骑士组成的小队,命他们在战场上追杀蒙德福特。爱德华相信,只要蒙德福特一死,其军队就会土崩瓦解。但在追杀过程中,爱德华的骑士差点误杀了亨利三世,不过命运阻止了他们的行动,随后他们就找到了蒙德福特。此时的他已身受

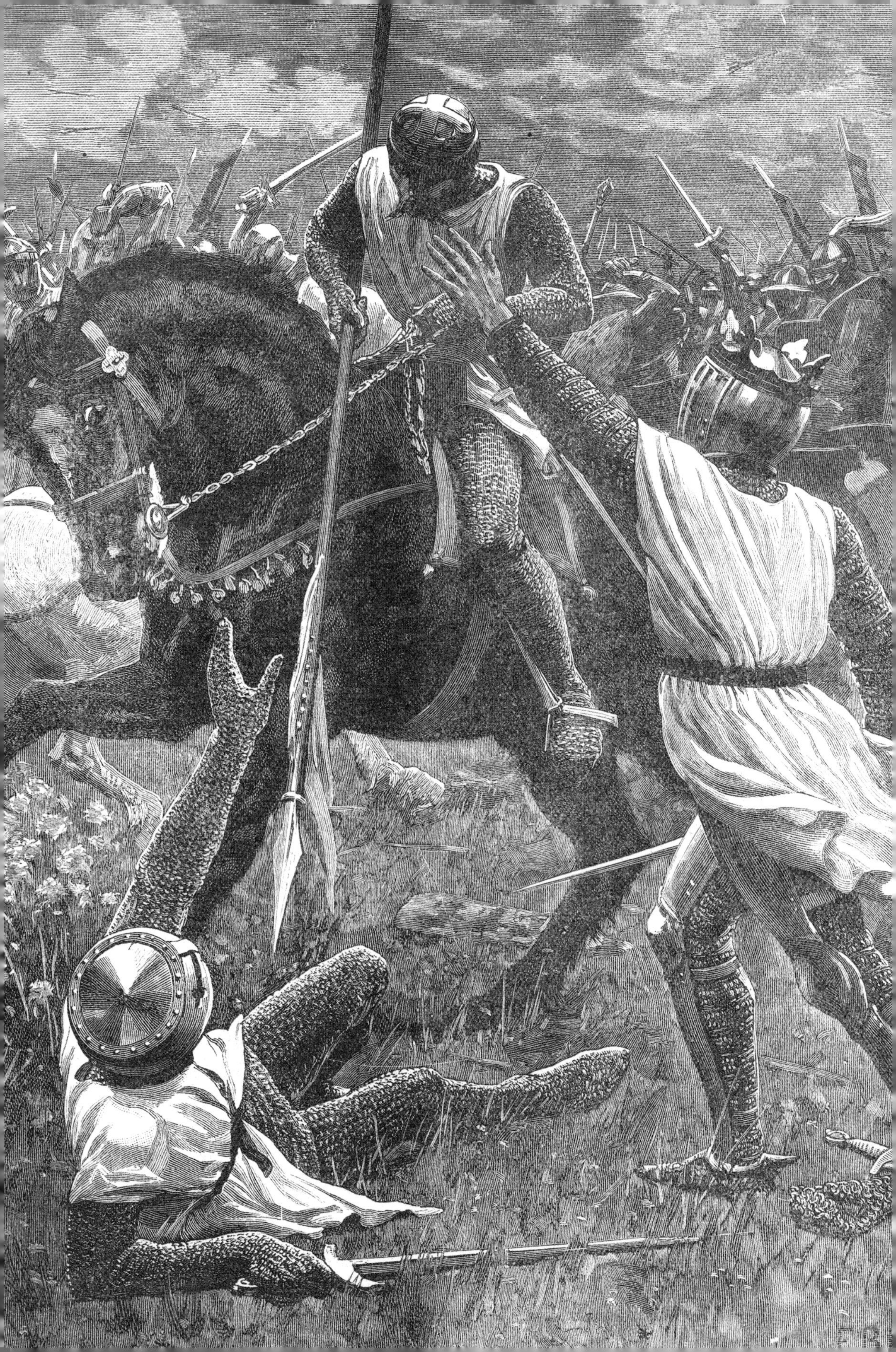

重伤,不能动弹,因此很快就被杀死了。随后,蒙德福特的头颅被送到伦敦游街示众。

这就是反叛贵族蒙德福特的结局,但也几乎算是亨利三世统治时代的终结。伊夫舍姆战役之后,亨利三世的身体变得无比虚弱,不过他坚持花时间为他所敬爱的忏悔者爱德华祷告,并在威斯敏斯特教堂为对方修建了一座新神龛。最终,亨利三世于1272年溘然长逝。

在亨利三世的统治下,英格兰已经在通往议会民主的漫长道路上启程,民族认同感也在日益增强。但亨利三世是否认为自己是英格兰人呢?他最后的安葬愿望也许告诉了我们答案。他下令将自己的遗体葬在威斯敏斯特教堂,但要将他的心脏葬于丰特弗洛修道院,与他的亲人相聚,以彰显他至死也是金雀花家族的一员。

对页图 亨利三世身穿西蒙·德·蒙德福特的军服,差点被爱德华的骑士杀死。

下图 西蒙·德·蒙德福特在1265年的伊夫舍姆战役中身亡。

EDWARD I
& EDWARD II

第四章

爱德华一世和爱德华二世

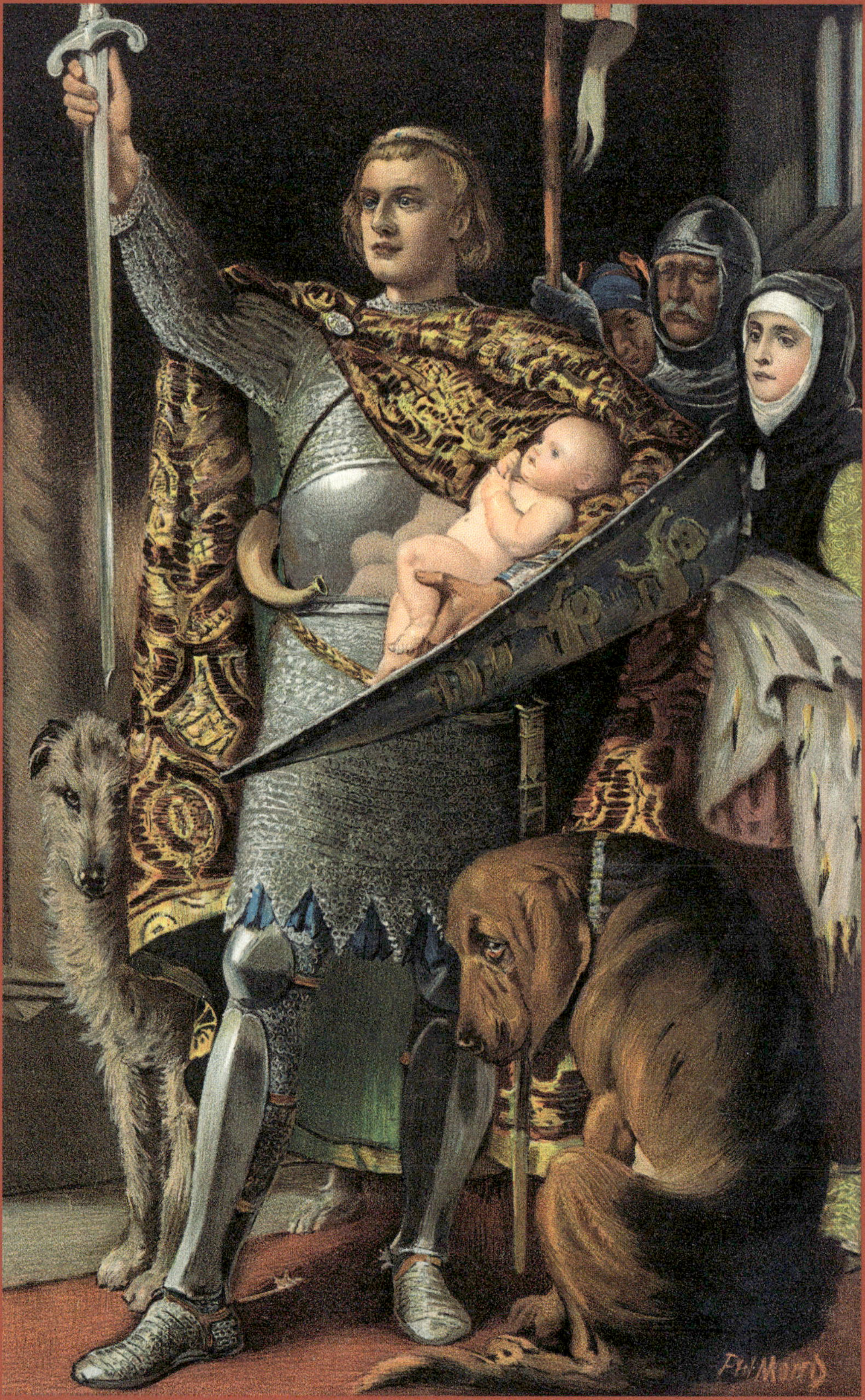

THE PLANTAGENETS

爱德华一世和爱德华二世分别代表了金雀花家族成员性格的两种极端：爱德华一世是勇猛的战士国王，继承了狮心王理查一世的尚武好战精神；爱德华二世则更像亨利三世——软弱平庸，他更喜欢研究园艺而非上阵打仗。

1272 年，当亨利三世去世的消息传到爱德华王子耳中时，他正在西西里治疗刀伤。此前，他曾发起了一场解放圣地的十字军东征，但以失败告终。当时爱德华王子正在西西里庆祝自己的三十三岁生日，一个带着礼物的撒拉逊（Saracen）刺客骗过了王子的守卫，待到半夜时潜入了他的寝宫。但还没等那个刺客计划得逞，爱德华便惊醒了。中世纪历史学家提尔的圣殿骑士在《塞浦路斯人的事迹》（Les Gestes des Chiprois）中对这场搏斗进行了描写：

> 撒拉逊刺客看见了爱德华，随即用匕首刺向他，留下了一个很深很危险的伤口。爱德华王子感觉自己被人袭击，于是立马翻身，一拳打在了刺客的太阳穴上，把他打得瞬间失去了知觉，倒在地上昏迷了过去。紧接着，爱德华王子从桌上抓起一把匕首扎进那名刺客的脑袋，杀死了他。

虽然爱德华躲过了这次暗杀，但撒拉逊刺客的刀尖上沾有黑色毒素，这些毒素让他的伤口迅速溃烂。相传，当时爱德华的妻子卡斯蒂利亚的埃莉诺立即用嘴吸出了丈夫伤口处的毒液，但这并没有阻止伤口感染。随后一位外科医生切除了爱德华伤口处溃烂的部分，并嘱咐他在西西里好生休养，那里阳光温暖，适宜调养身体。但是，现在英格兰出事了——

对页图 爱德华一世向威尔士人民介绍他的儿子爱德华二世，后者是第一位来自英格兰的威尔士亲王。

跨页图 卡斯蒂利亚的埃莉诺勇敢地用嘴吸出丈夫伤口处的毒液。

国王去世了，王国不可一日无主，因此爱德华必须立马回到英格兰。

爱德华时代的编年史作者对这位新国王赞不绝口，称他为"长腿爱德华"，因为他身高六英尺，有一双极长的腿。巴黎的马修形容他"身材高大，英勇无畏，胆识过人"。英格兰在告别统治无能的亨利三世之后，孔武好战的爱德华一世无疑受到了臣民的热烈欢迎。事实上，这个年轻的王子除了遗传了亨利三世低垂的眼睑，身上似乎再也找不到他父亲的影子。相反，他是一名战士，一名被誉为"世界上最好的长矛"的骑士。

不过爱德华也有阴暗的一面，他年少时偷过东西，还残害过别人。他生来就带有金雀花家族的暴脾气。据说，爱德华曾经真的把圣保罗大教堂的座堂牧师吓死了，而约克大主教在被他怒斥后也死于抑郁症。爱德华还曾在一场婚礼上狠狠地殴打过一个听差，以至于最后他不得不赔偿了一大笔钱。

从爱德华登基开始，这位独裁者就大肆炫耀他的权力和地位。1274年，爱德华举行加冕仪式，当时他和他的骑士骑马进入威斯敏斯特教堂，马蹄踏在教堂的大理石地板上嘚嘚作响，非常引人侧目。仪式结束后，爱德华一世摘下了王冠，并发誓说他不会再戴上，除非"收回了我父亲赠予英格兰伯爵、男爵、骑士以及外族人的土地"。

爱德华一世不仅通过法庭和议会确立了土地的合法所有权，他还重申了自己对《大宪章》的承诺，并保证势必会铲除这片土地上腐败的法官。与亨利三世不同的是，爱德华一世并不认为议会是他统治的障碍，相反将其视为筹集战时税款的有效机制：他每年至少要召开两次议会来申请此类资金。

estre mis en la main de lourrier iusques a ce quil soit
repare. Lequel colier aussi ne pourra estre enrichy de
pierres ou daultres choses reserue les ymage qui pourra
estre garny au plaisir du cheualier. Et taussi ne pourra
estre ledit colier vendu engaige donne ne aliene pour
necessite ou cause quelconque que ce soit

Alexander rex Scotor

Lewellin princeps walie

爱德华一世也是一位想要开疆拓土的战士国王。不过，他想建立一个更大王国的愿望并不在于岛外，而是离英格兰更近的地方。在爱德华一世眼中，威尔士和苏格兰是英格兰的自然延伸，因此这两块土地皆应该是属于他的。爱德华一世通过巩固对整个大不列颠岛的统治，以期为自己创建一个大英王国。

在爱德华一世的加冕仪式上，向他宣誓效忠的有苏格兰的亚历山大三世，值得注意的是威尔士亲王卢埃林·埃普·格鲁福德没有出席这场仪式。这是威尔士亲王的有意怠慢之举，因为他曾在第二次贵族战争中与亨利三世交战，最近又与已故伯爵西蒙·德·蒙德福特的女儿订了婚。他拒绝向英格兰新任国王爱德华一世致敬，这无异于在向对方宣战，因此这给了爱德华一世一个入侵威尔士再好不过的借口。

几十年来，威尔士一直是金雀花王朝历代国王的眼中钉、肉中刺。它也被认为是亚瑟王的据点，这位传奇国王曾经统治着统一后的大不列颠岛。爱德华一世非常渴望达到亚瑟王那样的成就。亚瑟王的传说从未在欧洲如此流行过。1184年，格拉斯顿伯里（Glastonbury）修道院被大火烧毁，据称在重新修建时，修士们在地下挖掘出了亚瑟王及其王后桂妮维亚（Guinevere）的陵墓。这一发现令爱德华一世心驰神往，他与新婚妻子度蜜月时便去那家修道院瞻仰了他们的遗骸。当时流传着一个传说，如果威尔士人受到攻击，亚瑟王就会来拯救他们。但当1277年爱德华一世率军越过威尔士边境时，这一传说似乎没有应验。

这是一支强大的军队，总兵力超过十五万人，此外还得到了从肯特（Kent）郡和萨塞克斯郡航行到威尔士海岸的船只的支援。这支庞大的军队获得了议会的批准和资助，并由英格兰最优秀的军事人才领导。单是后勤保障就让人印象深刻：在英格兰制造的数十万支弩箭，从法兰西引进的战马，还有从爱尔兰运来的供军队食用的小麦。看到眼前的一切，卢埃林·埃普·格鲁福德在战争打响之前便举手投降了，而爱德华一世切断其粮食供应的计划也促使他不得不这样做。

对页图　爱德华一世正在主持议会，他的右侧是苏格兰国王亚历山大三世，左侧是当时的威尔士亲王卢埃林·埃普·格鲁福德。

上图 描绘爱德华一世举行加冕典礼的木版画，他的大主教们都出席了这场典礼。

在和平谈判中，爱德华一世允许卢埃林保留他的威尔士亲王头衔。但是，卢埃林及其弟弟达菲德（Dafydd）对爱德华一世强加给威尔士的规定感到不满，认为英格兰人在这是在摧毁威尔士的文化。于是不久之后，又一场战争一触即发。1282年，格鲁福德兄弟两人对威尔士的城堡发起了一系列进攻，当时城堡主人是国王爱德华一世任命的贵族，爱德华一世得知消息后立即重组军队准备反击。

这场战争持续了近一年才结束。卢埃林在战斗中先被骑兵用长矛刺死，而后又被枭首示众。为爱德华一世而战的威尔士雇佣兵出卖了达菲德，致使他在一个名叫拜耳

（Bere）的小城堡内被俘，后被送往什鲁斯伯里（Shrewsbury）处决。

为了震慑他人，爱德华一世处理达菲德的手段极其残忍，行刑者用绳索将他勒至将死，然后分尸，头颅被送往伦敦后置于他哥哥卢埃林的头颅旁边。威尔士这个曾经由亚瑟王独立统治的国家，如今归属于金雀花王国了。更让人感到羞辱的是，威尔士亲王的王冠（据说曾属于亚瑟王本人）如今也被戴到了爱德华一世的头上。

上图 13世纪苏格兰国王亚历山大三世的印章。

国家建设

威尔士战争让爱德华一世明白了，要想打胜仗就必须得到资金和贵族们的支持。征服威尔士很好地满足了以下两点：一是暂时满足了爱德华一世本人的扩张野心，二是为英格兰臣民提供了一个他们愿意支持的目标。

此时，英格兰日益增强的民族自豪感已经无法遏制。对于犹太人这样不信仰基督教的外国人，英格兰人几乎毫不宽容，而犹太高利贷商人则被包括爱德华一世本人在内的许多英格兰贵族视为有必要保留之恶。13世纪晚期，随着仇外反犹情绪的加剧，犹太人在英格兰生活的权利越来越受到限制。13世纪70年代，英格兰人就对犹太人非常不信任和仇恨，以至于贵族们愿意用交税的方式来将他们赶走，最后他们还会声称自己的做法是"先礼后兵"的。

1279年，爱德华一世以剪硬币的罪名逮捕并处决了三百名犹太领袖；随后他命令所有在英格兰的犹太人参加教堂布道，希望他们能皈依基督教，但是没有人参加。于是在1290年，爱德华一世正式下令将犹太人驱逐出英格兰，那时犹太人的数量在两千至三千之间。当时发生过一个事件，大约两百名来自伦敦的犹太人打算乘船沿泰晤士河而下，不过在登

上图 科尔切斯特的亚伦画像，亚伦是一个有名的犹太放债人。

下图 一幅描绘了13世纪英格兰人对犹太人持负面看法的漫画。

船之前，他们必须在衣服上佩戴黄色徽章，这或许就传达了一个不祥的预兆。当这群犹太人到达河口时，船长却命令他们在沙洲处下了船，当河水上涨时船长便扔下他们开船离开了。最终这两百名犹太人全都溺水身亡，而他们留在船上的财物就成了船长的所有物，全部被他拿走了。

那位船长因此被判入狱。盗窃犹太人财物的行为同样也发生在英格兰社会较高阶层中。爱德华一世本人也没收了许多被他驱逐出境的犹太人的财产，并将之全都收入了自己的囊中。此外，对英格兰臣民征收驱逐犹太人的税收就让他赚了十万多英镑。英格兰人也为他们的反犹情绪付出了金钱的代价。

长期以来，爱德华一世的税收都是让英格兰人民无法承受的负担。爱德华一世此时准备再次入侵加斯科涅公国，因为这个公国此时被法兰西的新国王腓力四世占领了。然而，贵族们不愿为此次战争买单，但对于占领苏格兰的征战他们则会予以考虑。

为了前去与自己的法兰西新娘共度良宵，亚历山大三世国王在途中落马身亡。自那以后，苏格兰就一直没有男性继承人。新国王的人选会在约翰·巴里奥（John Balliol）和罗伯特·布鲁斯（Robert Bruce）之间产生。爱德华一世应邀参与这项被称为"伟大事业"的决定。这对他来说是一个难得的消遣，可以借此分散注意力，因为他的妻子埃莉诺于1290年因热病去世，自那时起他就一直处于悲痛之中。众所周知，他曾下令在埃莉诺的遗体从诺丁汉郡运回伦敦的沿途都修筑巨大的石制十字架。在伦敦查令十字车站外至今仍矗立着一座"埃莉诺十字架"纪念碑。

左图 爱德华一世为纪念亡妻埃莉诺建造了十二座埃莉诺十字架纪念碑，这些纪念碑如今仅存三座，此图呈现的是其中一座。

城堡建造计划

爱德华一世在击败威尔士人后,制定了一项城堡建造计划,以防止威尔士未来发生叛乱。爱德华一世建造的城堡是英格兰统治的象征,也时刻提醒着威尔士人,威尔士是由英格兰管辖的。在这项城堡建造计划中,最著名的是哈勒赫(Harlech)、康威(Conwy)和卡那封(Caernarfon)城堡,这三座城堡均出自军事建筑大师圣乔治的詹姆斯(James)之手。在爱德华一世的统治下,卡那封城堡成为威尔士的首都。这座城堡建在古罗马帝国堡垒的遗址上,据说建筑人员在挖掘城堡地基时发现了西罗马皇帝马格努斯·马克西姆斯(Magnus Maximus)的遗骸。于是爱德华一世便认为这是天意:卡那封城堡将以信奉基督教的罗马皇帝君士坦丁的都城君士坦丁堡的雄伟城墙为基础。

为了让卡那封城堡在外观上与君士坦丁堡相似,詹姆斯在城堡上建造了多边形塔楼,又在六米厚的城墙上堆砌了五颜六色的石砖。这是一座经过精心设计的宏伟建筑:迎接贵宾的双塔门楼由一座吊桥、六道闸门以及五个大门组成。在城墙上打孔创造射箭缝是一个巧妙的新举措,这些裂缝的大小正好可以从墙内往外射箭,但要从墙外往缝隙内射箭几乎是不可能的。

卡那封城堡的建造花了数百名建筑工匠五年的时间,耗资约一万两千英镑,这在当时是一笔不小的数目。在卡那封城堡建造期间,爱德华一世和妻子埃莉诺来到了这座城堡,埃莉诺在这里生下了他们当时的长子,即后来的国王爱德华二世,他在城堡内被加冕为威尔士亲王,这原本是卢埃林·埃普·格鲁福德的头衔。从那以后,册封国王的长子为威尔士亲王就成为英格兰王室的一个传统。

下图 卡那封城堡在外观上仿照古罗马帝国的君士坦丁堡而建,旨在提醒威尔士人:威尔士的统治者是英格兰君主。

最终，爱德华一世提议了约翰·巴里奥为苏格兰国王，并立即把他当封臣一样对待。1294年，爱德华一世令巴里奥提供军队和武器，以此来帮他夺回加斯科涅。巴里奥照做无误，但他身后的一群苏格兰贵族却开始与法兰西谈判结盟。当巴里奥知晓此事后，他别无选择，只能对爱德华一世背信弃义。

作为回击，爱德华一世率军赶赴苏格兰，并迅速占领了该国的低地。他不仅洗劫了特威德河畔贝里克（Berwick-upon-Tweed）的贸易港口，而且将镇上的居民屠杀殆尽，包括妇女和儿童。据说，一万一千多人因此丧生。在1296年发生的邓巴（Dunbar）战役中，爱德华一世击败了苏格兰的残余兵力，随后巴里奥便向爱德华一世投降了。

之后，一场公开的退位仪式在苏格兰举行。爱德华一世从巴里奥的大衣上撕下了代表苏格兰王室的黄底红狮徽章（同时给巴里奥取了个外号叫"空心袍子"），夺走了历代苏格兰国王加冕时的王座斯昆石，并将其带回了威斯敏斯特教堂。接着，爱德华一世自称为苏格兰的统治者，宣布完毕后，他便把苏格兰国玺交给了他新任命的苏格兰总督，并说道："一个人只有摆脱了小人，他才能干成大事。"对于苏格兰领袖威廉·华莱士（William Wallace）和罗伯特·布鲁斯而言，他们不会一直忍受这些屈辱，反抗行动指日可待。

上图 阿布罗斯修道院院长向爱德华一世传达消息，称苏格兰国王约翰·巴里奥已叛变。

福尔柯克会战

在斯特林（Stirling）桥战役取得胜利后，威廉·华莱士率军撤退到苏格兰高地，他们将沿途的庄稼全部毁坏，以防它们落入英军手中。他的策略是与爱德华一世作对，引诱其到苏格兰采取进一步的军事行动，而爱德华一世也是这样做的。

威廉·华莱士

　　威廉·华莱士，1270 年出生于一个地主家庭，在爱德华一世统治时期，他是一名苏格兰抵抗运动的战士，后来成为苏格兰伟大的民族英雄。在 1296 年爱德华一世入侵期间，他与英格兰人作战，并成功地逃脱了追捕。随后他便开展了游击战，带领苏格兰战士对英格兰军队前哨发动了一系列突袭。

　　最有名的一次突袭事件发生在 1297 年 5 月，当时华莱士及其约三十名追随者袭击了拉纳克（Lanark）镇，并杀死了该镇的英格兰治安官。没过多久，华莱士就成为苏格兰人民反抗爱德华一世入侵的公认领袖。1297 年，斯特林桥战役爆发，苏格兰士兵在他的指挥下彻底击败了英格兰军队。

　　那场战斗发生在斯特林桥上，这座桥的宽度只够容纳两名士兵同时通过。华莱士当时藏匿于桥上方的一个位置，等到约两千名英格兰士兵过桥后，他便与手下对他们发动了突袭。

　　那些已经过了桥的士兵遭到华莱士的屠杀，而其他士兵当时则试图折返或涉水过河，但都未成功。最终，苏格兰军队屠杀了五千多名英格兰步兵及一百名骑士。华莱士在斯特林桥取得了巨大的胜利，据说他把英格兰骑士休·德·克莱辛翰（Hugh de Cressingham）的皮给剥了下来，制成了他的剑鞘。而后，华莱士便被他的追随者称为苏格兰的守护者，他还让英格兰士兵给爱德华一世捎去口信："告诉你们的指挥官，我们来这里不是为了媾和，而是为保卫、解放我们的王国而战斗。"

左图　威廉·华莱士是苏格兰伟大的民族英雄，也是苏格兰抗英战争中的关键人物。

第四章　爱德华一世和爱德华二世　107

1298 年，爱德华一世最终在福尔柯克（Falkirk）会战中与华莱士正面交战。对爱德华一世来说，战斗开局并不顺利。开始时，他从马上摔了下来，被马踩断了几根肋骨。他的补给车队在途中也遭到了数次袭击，迟迟未抵达军营，因而他的士兵在开战前都饥肠辘辘。有一天，爱德华一世营中的英格兰骑士和威尔士步兵在喝酒喝多后发生了争吵，最终导致八十名威尔士步兵被杀。7 月 22 日，也就是战斗当天，爱德华一世军队士气非常低落，而且当天还一直下着淅淅沥沥的小雨。

华莱士将军队驻扎在卡伦德（Callendar）树林前面，并在那里将士兵排成"刺猬阵"，形成了一个个圆形防御阵形。

下图　1298 年，达勒姆主教在福尔柯克会战中带头冲锋。

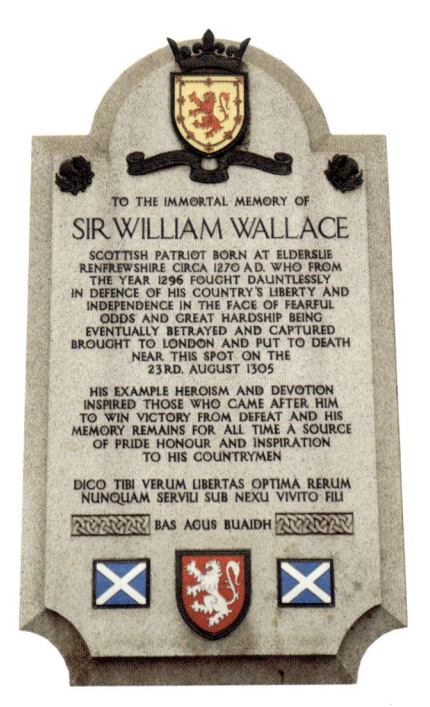

上图 威廉·华莱士爵士的纪念牌匾，位于伦敦圣巴塞洛缪医院的一侧外墙上。

这种阵形看起来像刺猬，手持长矛的步兵和骑兵站在外围，弓箭手在中间。早些时候，英格兰骑兵曾尝试突破其中一个"刺猬阵"的前线，但没有成功，由此可见这种阵形是十分有效的：即使数十名骑士死于敌军的长矛之下，这支队伍的阵形也依然坚挺。

在英军第一次进攻失败后，华莱士便命骑兵发起冲锋。然而，当苏格兰骑兵看到英格兰军队有一万五千人（几乎是苏格兰军队人数的三倍）时，他们就迅速逃离了战场。战局发生了逆转，爱德华一世下令让长弓兵到战斗前线，也就是华莱士的"刺猬阵"前。在雨点般密集的箭矢攻击下，那几个"刺猬阵"很快就瓦解了，此时爱德华一世的步兵向前推进，将那些掉队的士兵一一消灭。最终，苏格兰军队还是战败了。

福尔柯克会战结束后，华莱士放弃了"苏格兰守护者"的头衔。1305 年，华莱士在格拉斯哥堡附近被俘，随即被押往伦敦。到伦敦之后，他被判处叛国罪，随后被拴在马后从威斯敏斯特拖到了史密斯菲尔德（Smithfield）。在史密斯菲尔德的草地上，行刑者用极其残忍的方式将华莱士杀害。

不过，苏格兰争取独立的斗争并没有因华莱士的丧生而结束。1306 年，罗伯特·布鲁斯成为领导苏格兰独立战争的下一任领袖。得知这个消息的爱德华一世怒不可遏，他准备再次向苏格兰进军，并给当地驻兵下令，要他们"烧掉、摧毁和糟蹋"所看到的一切。这群士兵随即对苏格兰人实施了各种暴行，比如将两名苏格兰贵妇锁进笼子，并吊起来供公众观看。

爱德华一世还是忍不住又一次亲自出征了。在他征讨苏格兰的途中，由于身体每况愈下，他最后病逝于自己的轿中。而他企图将整个不列颠统一为金雀花王国的宏伟计划未能实现，他最

由于对苏格兰人恨之入骨，爱德华一世坚持与他们战斗到底。

终被苏格兰人打败了。不过，由于对苏格兰人恨之入骨，爱德华一世坚持与他们战斗到底。他临死前下达了一道命令，即在以后任何一场讨伐苏格兰的战役中，英格兰军队都必须带上他的遗骨。即使是在死后，他也要继续带领英军作战。然而这个命令从未被执行，但他的另一个遗愿得到了实现，那就是在他的墓碑上刻上："爱德华一世，苏格兰之锤，坚守信念。"

上图 在爱德华一世最后一次行军途中，他因病突然离世，其遗体被手下士兵抬回。苏格兰人打碎了他统一不列颠的愿望。

下图 金雀花王朝新国王爱德华二世的画像。

爱德华二世

人们时常会想起爱德华二世残暴可怖的杀人情形，因为他并不是一位受人尊敬、爱戴的国王，他意志薄弱，对王权也不感兴趣。对爱德华二世而言，与统治英格兰相比，他更乐意在宫廷里与密友相伴，但正是这样亲密的关系影响了他的统治。以下是一位同时代的佚名编年史作者对爱德华二世的描述：

他高大强壮，气宇轩昂，是一位仪表堂堂的美男子……如果他能把用在追求乡村生活的精力投入军事斗争中，那么他将把英格兰的地位提升到一个新高度，而他的名字也

跨页图 爱德华二世的宠臣皮尔斯·加弗斯顿将爱德华二世引入了歧途。

会响彻这片土地。哦,曾为威尔士亲王的他,当时带来了多大的希望啊!可当他成为英格兰国王后,所有的希望都破灭了!后来,皮尔斯·加弗斯顿把国王引入歧途……

——《爱德华二世的一生》

皮尔斯·加弗斯顿是爱德华二世形影不离的伙伴,在两人十几岁时,加弗斯顿就被爱德华二世的母亲埃莉诺从加斯科涅带到了英格兰宫廷内。他们俩年龄相仿,加弗斯顿是个

很有前途的骑士，大臣们都希望他的一些军事才能可以帮到爱德华二世。然而，这对密友却喜欢各种无用的消遣，举止轻浮。虽然目前尚不清楚他们是否是同性恋，但他们显然迷恋彼此。没过多久，爱德华一世就意识到加弗斯顿对他儿子产生了不良影响，于是就命人将他送回了法兰西。

1307年，爱德华二世在骑马外出时收到了父亲去世的消息。据说在他成为国王后，下达的第一个命令就是向法兰西传话："告诉加弗斯顿，国王召他回宫。"这就是爱德华二世，他统治时惯常做这样的事情。他将私欲排在第一位，王国排在第二位。在处理一些私人事务时，爱德华二世已经到了盲目维护加弗斯顿的地步。

国王加冕

1308年,皮尔斯·加弗斯顿及时抵达英格兰,参加了爱德华二世在威斯敏斯特教堂举行的加冕典礼。这个典礼实际上就是一场闹剧。仪式开始前,教堂内就被祝贺者挤得水泄不通,以至于一道分隔墙倒塌,导致一名骑士当场死亡。在爱德华二世和他十二岁的新娘法兰西的伊莎贝拉(Isabella)走向圣坛时,他们的身后跟随着一列达官显贵——这是一支经过精心安排的队伍,以确保该王国中最重要的人物可以优先入场。因此,当加弗斯顿穿着镶有珍珠的华丽紫袍(王室专用)走在队伍最前列时,许多人感到十分惊讶。爱德华二世还赋予他特权,不仅让他捧着王冠,还让他给自己的左靴固定马刺。这种违反王室礼节的行为引发了在场者的唏嘘和叫喊。

然而这只是开始,接下来的丑闻在不断升级。加冕仪式结束后,参加宴会的人看到装饰大厅四周墙壁的不是爱德华二世与伊莎贝拉的纹章,而是爱德华二世与加弗斯顿的。宴会期间,爱德华二世"更喜欢坐在加弗斯顿的椅子上,而不是王后的长榻上",伊莎贝拉一家对国王的冷落感到愤慨,于是很早就离开了。爱德华二世还把他收到的所有加冕礼物都送给了加弗斯顿,以此给这一天画上了"圆满"的句号。

右图 1308年,爱德华二世举行加冕典礼,但因国王在仪式上频频违反王室礼节,这场典礼最终变成了一出闹剧。

加弗斯顿回到英格兰几周后，爱德华二世便发布了一个令人震惊的公告——任命加弗斯顿为康沃尔公爵。这一任命给其他贵族当头一棒。康沃尔郡历来都是王室成员的专属领地，在继承人的问题上，国王不用征求其他贵族的意见。但糟糕的是，英格兰的所有贵族都公开鄙视过加弗斯顿。

这种鄙视完全是加弗斯顿自己一手造成的，因为他在宫廷里总是摆出一种"傲慢无礼的姿态"。加弗斯顿给英格兰所有贵族都起了绰号，他称林肯伯爵为"大肚包"，沃里克（Warwick）伯爵为"黑狗"，然而加弗斯顿很快就会发现这是只会咬人的"狗"。

上图 皮尔斯·加弗斯顿从公开鄙视过他的英格兰贵族身边径直走过。

1308年，一群贵族来到爱德华二世面前告诉他，除非他将加弗斯顿驱逐出境，否则他们将会生出事端，国王立即一口否决了。两个月后贵族们又来向他提出同样的要求，但这次他们手持武器，还得到了他的妻子伊莎贝拉、母亲埃莉诺以及坎特伯雷大主教的支持。大主教威胁爱德华二世，如果不把加弗斯顿赶走，就把加弗斯顿逐出教会。最后，爱德华二世无能为力，只好将加弗斯顿放逐到了爱尔兰。

加弗斯顿一离开英格兰，爱德华二世就向教皇求助，请求他撤回这条法令，并控诉大主教要将加弗斯顿逐出教会的威胁。在此期间，另外两个人物的出现填补了加弗斯顿留下的空缺：老休·德斯潘塞（Hugh Despenser the Elder）和小休·德斯潘塞。老休·德斯潘塞是唯一反对流放加弗斯顿的贵族，因此他很快就成了爱德华二世的首席顾问。没过多久，这对父子也都像加弗斯顿一样遭到了其他贵族的鄙视。

> 懒惰和笨拙成为爱德华二世统治的特征。

1309年，教皇同意爱德华二世的请求，撤销了对加弗斯顿的流放令。几周后，加弗斯顿就又回到了英格兰。爱德华二世这一目光短浅、毫无远见的举动导致其走向了几乎所有贵族的对立面。对其他贵族来说，加弗斯顿代表了国王的软弱和颓废。据说爱德华二世经常睡得很晚，对于重要国事总是喜欢拖到最后才做决定，甚至对王室的财务也管理不善。

懒惰和笨拙成为爱德华二世统治的特征。在他统治期间，他从未组建一支军队，以对付日益难缠的苏格兰领袖理查·布鲁斯所领导的反抗行动。而且他还对英格兰臣民征收四分之一的紧急战时税，尽管当时未处于战时情况下。此外，他还没收贵族的土地，显然这个行为违反了《大宪章》的规定。当时有传言说，贵族们很快就会拿起武器来反抗国王。

在1310年举行的议会上，贵族们向爱德华二世发出了最后通牒：要么签署包含四十一条规定的法令，要么自动退位。贵族们解释道，爱德华二世"没有遵守他在加冕典礼上所发的誓言"。

爱德华二世被迫成立了一个由二十一人组成的贵族委员会，而该法令也赋予了贵族委员会掌控国家的权力：禁止国王宣战或离境，其所有开支都将受到监督。因此，接下来他将备受掣肘，成为名义上的国王。除第二十条之外，爱德华二世同意了其余所有条例，这清楚表明了加弗斯顿仍是他的优先考虑对象，因为第二十条法令明确规定：永久放逐加弗斯顿。但眼看贵族们态度强硬，爱德华二世只能再次将加弗斯顿流放出境。

这一次，爱德华二世等了足足一个月才把加弗斯顿重新召回英格兰。随后，他在全国各地发布公告，撤销他对法令的宣誓，并宣布恢复加弗斯顿的爵位，这无疑是在向贵族宣战。

一些贵族直接去追捕加弗斯顿，很快在斯卡伯勒（Scarborough）城堡抓住了他，并将其交给彭布罗克伯爵看管。

随后，彭布罗克伯爵押着加弗斯顿南下德丁顿（Deddington）镇。奇怪的是，到达德丁顿后，彭布罗克伯爵让武装守卫看守加弗斯顿一晚，他声称要去别处看望自己的妻子。然而，后来看管加弗斯顿的人却是曾被加弗斯顿嘲笑为"黑狗"的沃里克伯爵，于是那天晚上，这只"黑狗"开始反咬加弗斯顿，正如以下所述：

> 沃里克伯爵了解到皮尔斯（加弗斯顿）的境况后，便带领一支强大的队伍包围了整个村庄，并秘密接近了皮尔斯的所在地。那是一个周六，沃里克伯爵一早就冲进村庄，然后径直朝皮尔斯所在的院子走去，当他走到门口时，便命人将屋子包围了起来。接着，伯爵厉声喊道："起来吧，叛贼，你被捕了！"皮尔斯听出了沃里克伯爵的声音，往窗外一看，他还带来了一群壮丁，而且看守自己的卫兵并没有任何反抗，于是皮尔斯穿上衣服，从

下图　皮尔斯·加弗斯顿被带到他戏称为"黑狗"的沃里克伯爵面前。

屋子里走了出来。皮尔斯就这样被带走了,然而这次他不是以公爵的身份被请走,而是以窃贼的身份被押走,过去习惯骑乘骏马的他现在只能靠双脚走路……当时的皮尔斯已经没有了骑士的样子,像窃贼和叛徒一样被押往沃里克,一到那里便就被关进了监狱。那个他戏称为"黑狗"的伯爵,如今用铁链把他捆了起来。

——《爱德华二世的一生》

在沃里克城堡,敌视加弗斯顿的贵族组建了一个"袋鼠法庭"(非正规的法庭),他们将加弗斯顿带到庭上受审,并以叛乱罪判处其死刑。据说,当加弗斯顿被带出牢房时,他扑倒在地,哭着恳求兰开斯特(Lancaster)伯爵救他一命。然而对方不为所动,并对卫兵说:"把他扶起来,扶起来!以上帝之名把他带走吧!"

随后,加弗斯顿被带到一个叫布莱克洛(Blacklow)山的地方,行刑者在那里用长矛刺穿了他的身体,并砍下了他的头。他的尸体一直留在原地没有被下葬,后来有两个多明我会的托钵修士收敛了遗体,并把头颅缝合到脖颈上。1315年,教皇解除了对加弗斯顿的驱逐令,直到那时他的遗体才得以安葬。英格兰最受鄙视的人死了,爱德华二世得知这个消息后悲痛欲绝,他发誓要报复那些贵族,尤其是兰开斯特伯爵,爱德华二世认为他是杀害加弗斯顿的罪魁祸首。由于加弗斯顿不是在正规法庭上接受的审判,所以就此处决他也是一种犯罪行为。不过为了避免一场内战,双方只能互相妥协。最后,爱德华二世和贵族委员会达成了一个暂时的协议,国王也恢复了他的统治。

不久后,苏格兰的罗伯特·布鲁斯继续起兵作乱,他包围了斯特林城堡,要求守军向他投降。此时,所有臣民都需要爱德华二世这个国王带兵讨伐苏格兰,大战一触即发。

在苏格兰班诺克本(Bannockburn)战败后,回到英格兰的爱德华二世遭到众人的羞辱,他的权力很快也随之瓦解。当时,兰开斯特伯爵坚持要爱德华二世接受法令的约束,备受打击的他孤掌难鸣,只能同意伯爵的要求。"国王同意执行法令条例,没有拒绝伯爵们的要求",编年史作者这样写道。

从那时起,英格兰贵族分裂为两大阵营:保王党和革命党,可以预料到内战爆发是早晚的事情。1321年,这两党之间发生了冲突,内战果然就此爆发了。在这场内战中,革命派由兰开斯特伯爵率领,而保王派则听从老休·德斯潘塞的指挥。这两个人都贪得无厌,无比渴望权力,其实都是一丘之貉。

班诺克本战役

为镇压罗伯特·布鲁斯的作乱,爱德华二世率军向苏格兰进发,这是英格兰十多年来集结的规模最大的一支军队,包括两千名骑兵、两万五千名步兵和一列长达三十二千米的补给车队。不过,兰开斯特伯爵和沃里克伯爵的缺席引起了国王的注意,他们声称没有义务打这场仗。当时这两位伯爵暗中希望爱德华二世战败,因为倘若他取得胜利,就会转头带领军队攻击他们。

爱德华二世的军队抵达班诺克本溪,那是一片险恶的沼泽地,他们在那里遇到了布鲁斯的军队,当时布鲁斯只有不到五百名骑兵和六千名步兵。布鲁斯先于英军到达班诺克本,他便命手下在沼泽地面上挖了一些小坑,使这片战地变得更加危险,从而进一步阻断英格兰骑兵的冲锋势头。英格兰骑士亨利·德·博亨(Henry de Bohun)骑马率先向布鲁斯发起进攻。布鲁斯挥起战斧,将他劈于马下,这场战役就此拉开了序幕。

随后,英格兰骑兵向苏格兰步兵发起冲锋,然而苏军的长矛阵形坚不可摧,他们每人手持一把四米半的长矛,很快就突破了英军的阵线。英军在被屠之前匆忙撤退,攻打苏军的事情便推迟到了第二天早上。

次日,士气低落的英格兰骑兵准备发起二次进攻,但悲剧再次上演,许多士兵被长矛刺死。由于沼泽地基湿软,剩余骑兵只有被迫下马进行战斗,于是这片泥泞地上发生了一场混乱的屠杀。苏格兰长矛兵排成"刺猬阵形"严守以待,英格兰步兵向其发起进攻,英格兰骑士很快被困在二者之中,许多骑士被英格兰的长弓兵射死了。

当布鲁斯派骑兵加入战场时,这些苏格兰士兵高声呐喊道:"冲啊!干掉他们!他们死定了!"最后,爱德华二世和五百名护卫从战场撤退,逃离了苏格兰,被抛弃的数千名英格兰士兵惨遭屠杀。这是一次惨败,而这似乎发出了一个信号:苏格兰永远不会属于英格兰。

右图 1314 年,苏格兰军在班诺克本战役中大获全胜,他们在战场上屠杀了数千名英格兰敌人。

下图 罗伯特·布鲁斯国王,他使苏格兰脱离了英格兰的管控,苏格兰由此获得了独立。

德斯潘塞父子此时露出了他们的真面目。小休·德斯潘塞被任命为内政大臣,而他却以替国王镇压叛乱为借口,开始占领威尔士的土地和城堡。父子两人偷窃民众的物品,勒索钱财,还将那些抵抗者送上法庭,或者直接将其杀害。这对父子劣迹斑斑,无恶不作。但即使是这样,爱德华二世仍然与他们沆瀣一气,因为他一直想方设法要杀死兰开斯特伯爵,为加弗斯顿的惨死报仇。

小休·德斯潘塞很快就替代了加弗斯顿,成为爱德华二世最忠实的伙伴,同时也变成了英格兰最受鄙夷的人。为了抗议德斯潘塞父子,也为了与国王达成和解,兰开斯特伯爵于1322年带领手下向威斯敏斯特教堂进发,要求国王驱逐这对父子。伊莎贝拉王后也单膝下跪,恳求丈夫同意。当时爱德华二世确实照做了,但不久之后他又召回了德斯潘塞父子,命他们组建一支军队来对抗兰开斯特伯爵。此时爱德华二世也发现了兰开斯特伯爵犯有叛国罪,他与罗伯特·布鲁斯的通信被人截获,这些信件清楚地表明他已经背叛了国王。

随后,德斯潘塞父子与兰开斯特伯爵开战。这对父子在交战中击败了兰开斯特,并当场砍下了他的首级。当时他们连刺了三剑才将兰开斯特伯爵杀死,而爱德华二世则在一旁亲眼看着这一切的发生。兰开斯特伯爵死后,爱德华二世强行废除了法令,此时他和德斯潘塞父子终于摆脱了束缚。爱德华二世随即下令处决了兰开斯特伯爵手下的二十五名贵族，监禁了包括威格莫尔的罗杰·莫蒂默在内的几名贵族。编年史《爱德华二世的一生》中记载："唉！真是灾难啊！不久前还穿着紫色细麻布长袍的贵族现在却衣衫褴褛，戴着镣铐。"行刑者绞死那些贵族后，将他们的尸体一直吊在绞刑架上，任其腐烂。

爱德华二世的清除异己计划部分是当众展开的，此外，他让德斯潘塞父子暗地里发动恐怖主义行动，比如威胁领主的寡妇放弃自己的领地，否则就要将她们烧死。

德斯潘塞父子拒绝归还伊莎贝拉在马尔伯勒（Marlborough）和迪韦齐斯（Devizes）的城堡，这些城堡于内战期间被他们占领，接着他们没收了伊莎贝拉在英格兰的所有土地。不仅如此，这对父子为了"自保"，将伊莎贝拉

下图 兰开斯特伯爵被士兵带去执行死刑，此前他领导了反抗爱德华二世的贵族叛乱。

下图 伊莎贝拉抵达哥哥查理四世的宫廷，她在巴黎密谋对"法利赛人"的报复计划。

最小的几个孩子看管了起来，这就给了伊莎贝拉反击理由。1325年，伊莎贝拉逃离英格兰，前往巴黎投靠她的哥哥查理四世，当时爱德华二世眼睁睁看着自己妻子的离开却无动于衷。法王查理四世刚刚加冕不久，伊莎贝拉觉得在他的宫廷里很安全。

"母狼"的复仇

伊莎贝拉一到巴黎就宣布她不会再回到英格兰，而她与爱德华二世的婚姻也就此中止。当时她在法兰西宫廷里说道：

> 我觉得婚姻是男女结合在一起，夫妻二人共同生活，从一而终。但如今有人介入我和丈夫之间，企图破坏我们的夫妻关系。我起誓，在插足者被除掉之前，我绝不回国；我要脱去妻子的服装，穿上寡妇哀悼亡夫的黑袍，直到我的大仇得报，直到铲除那个法利赛人。
> ——《爱德华二世的一生》

伊莎贝拉打算向小休·德斯潘塞报仇，他最好不要低估这个史称为"法兰西母狼"的王后。对爱德华二世来说，德斯潘塞父子已经成为他的一切，就像皮尔斯·加弗斯顿曾是他的全部一样。每当大臣们觐见国王时，德斯潘塞父子一定都会在场。在这对父子掌权期间，英格兰陷入了无政府状态：犯罪帮派在英格兰各郡横行霸道，而腐败的治安官却没有采取任何行动来制止他们。自从兰开斯特伯爵被处决后，贵族的控制权就逐渐被削弱了，如今英格兰的许多贵族都在担心自己的生命安全。

不过就在1323年，将要改变这个国家命运的贵族逃了出来，他就是罗杰·莫蒂默，此前他一直被爱德华二世关在伦敦塔里。莫蒂默逃跑的那天，圣彼得教堂正在举行宴会，当时他给狱卒的酒里下了迷药，接着用撬棍在牢房的墙上撬了个洞，穿洞到了城堡顶部，然后顺着城墙上的绳梯往下爬，跑到了泰晤士河边。随后，他便直接坐船驶向巴黎。

虽然尚不清楚莫蒂默和伊莎贝拉之前在英格兰是否是情人关系，但是他们在法兰西结成同盟的消息很快就传开

> 休·德斯潘塞最好不要低估史称为"法兰西母狼"的王后。

122　金雀花王朝

跨页图　罗杰·莫蒂默用下了迷药的酒将狱卒迷晕后，逃出了伦敦塔。

> **得知伊莎贝拉抵达英格兰后，爱德华二世和小休·德斯潘塞仓促逃离伦敦，一路向西逃到了威尔士。**

了。他们的联合是当时英格兰王室的一大丑闻，很快就有传言说，莫蒂默和伊莎贝拉正在筹备一支军队，准备进攻英格兰并杀死德斯潘塞父子。1326 年 9 月，他们开始实施报仇计划。

伊莎贝拉和莫蒂默召集了约一千五百名士兵，这支入侵军队规模太小，不足以对爱德华二世构成威胁。不过，随着军队在萨福克（Suffolk）登陆，新兵如潮水般涌入，军队的兵力得到了成倍增加。伊莎贝拉随后发表公开信，向所有英格兰公民悬赏德斯潘塞父子的人头。得知伊莎贝拉抵达英格兰后，爱德华二世和小休·德斯潘塞仓促逃离伦敦，一路向西逃到了威尔士。伦敦人民纷纷起义，奋起反抗德斯潘塞父子的盟友——令人深恶痛绝的约翰·马歇尔和埃克塞特（Exeter）主教。最终这两人都被人民除掉了，他们的尸首还受到了无情的践踏。

老休·德斯潘塞为了逃避追捕，企图在布里斯托尔（Bristol）城堡严防死守，但是城堡遭到了伊莎贝拉军队围攻后陷落，这位温切斯特伯爵也被囚禁了起来。后来，他被枭首示众。

小休·德斯潘塞的下场也同样惨不忍睹。爱德华二世和他逃到了威尔士的卡菲利（Caerphilly）城堡，他们本可以在那座城堡里坚守一段时间，但是当他们得知有一支军队正在追捕他们时便离开了那里。后来他们躲到了卡菲利城堡附近的一片森林里，试图躲避骑马的追兵，然而最终还是被俘获了。当时，他们的随从几乎都不在了。

小休·德斯潘塞被带到雷丁（Reading）城堡，据说他一直拒绝进食，想要在行刑前把自己饿死。不过他还是没能轻易死去，最后他在一大群人面前被残酷处决，其中包括罗杰·莫蒂默和伊莎贝拉。相传在整个行刑过程中，伊莎贝拉一直都在吃东西。

爱德华二世一直被关押在凯尼尔沃思城堡。在一群贵族和主教代表的胁迫下，他为了保命被迫退位，转而支持他的儿子爱德华三世继位。

"国王的父亲"将在格洛斯特郡（Gloucestershire）巴克利（Berkeley）的城堡的一个小房间里度过余生。爱德华二世每天都有五英镑的丰厚待遇，尽管对此有很多相悖的记载。

1327年9月23日清晨，爱德华三世被侍从唤醒，被告知自己的父亲去世了。据说他是自然死亡，但不久后就有谣言称，他是被伊莎贝拉和莫蒂默谋杀的。关于他的死因目前还没有可靠的记载，但传说他是被人残忍捅死的，也有可能是被人扼死的，但是在他的遗体被放到棺椁里时，遗体上没有留下任何可疑的痕迹。无论在当时还是现在，关于爱德华二世之死的任何版本都引起世人的遐想，这丝毫不令人意外。

爱德华二世被安葬在格洛斯特郡的圣彼得教堂，《控告条款》（*the Articles of Deposition*）理性地总结了他的统治生涯：

"在爱德华的整个统治时期，他从来不愿意听取或采纳好的建议……他把王国弄得四分五裂，尽其所能地毁掉王国和人民，更糟糕的是，他生性残忍、缺乏个性，已经到了无可救药的地步，丝毫没有悔改的可能。"

第四章　爱德华一世和爱德华二世　　125

上图　爱德华二世据说是被人捅死的。事实上，没有人能够确定他是如何死的。

EDWARD III

第五章 爱德华二世

EDWARDVS III.

第五章 爱德华三世

THE PLANTAGENETS

爱德华三世是一个好战的国王，崇尚骑士精神的他高举圣乔治旗帜，统一了支离破碎的英格兰，但他的统治充满了血腥。爱德华三世的王朝野心促使他对法国展开了大规模战争，而黑死病肆虐着他的王国。

1327年，十四岁的爱德华三世在父亲去世后加冕。爱德华二世的腐朽统治把英格兰推到了崩溃边缘，不过他已经与世长辞了，曾经绝望的臣民们对这位年轻的新国王充满了期待，希望他与他的摄政成员伊莎贝拉和罗杰·莫蒂默能够实现英格兰的统一，但这样的局面并不会马上到来。

罗杰·莫蒂默和先前许多突然手握大权者一样，最终走向了腐败堕落。他没收了德斯潘塞父子夺取的领地，中饱私囊，而没有归还给原来的领主。他为了维持自己在英格兰上层贵族中的地位，授予自己马奇（March）伯爵的头衔。他带着年轻的爱德华三世出征苏格兰，试图平息罗伯特·布鲁斯发动的叛乱，但这场战役以英格兰惨败告终，被迫放弃了对苏格兰的统治权，典当了王室珠宝才得以与对方达成和平条约。爱德华三世对这次战败感到悲愤不已，泣涕涟涟。

世人有理由认为莫蒂默是谋杀少年国王的父亲爱德华二世的幕后黑手，英格兰国内很多人也认为确实如此，因此很难想象爱德华三世没有这样想过。不论如何，爱德华三世已经决定对莫蒂默动手。

1330年10月19日凌晨，天气十分寒冷，二十名全副武装的士兵沿着一条秘密通道悄悄爬到了诺丁汉城堡，他们登上地道内的螺旋楼梯，来到了城堡上方的房间，里面住着罗杰·莫蒂默和伊莎贝拉。这群士兵的头领是威廉·蒙泰古

对页图　爱德华三世画像。十四岁的爱德华三世被寄予结束英格兰分裂状况，实现统一的希望。

（William Montagu），他是爱德华三世手下的一名英勇骑士。蒙泰古在谈及莫蒂默时，曾对国王说过"与其被狗吃掉，不如先把狗吃掉"。

效忠爱德华三世的守卫先前偷走了秘密通道和城堡正屋的备用钥匙；这些刺杀者在此时利用这些钥匙进入了城堡，他们冲进了莫蒂默的房间，先杀死了内廷总管，莫蒂默见状立即想要取剑，但被对方按倒在地绑了起来。伊莎贝拉目睹了这场事变，一边朝房外跑，一边喊着："可怜可怜我亲爱的莫蒂默吧！"

莫蒂默不会得到任何怜悯。就像在爱德华二世统治期间的那次一样，他被送到了伦敦，被囚禁在伦敦塔里。这一次，他不可能再逃跑去找伊莎贝拉重聚了。莫蒂默接受了审判，被定为叛国罪。10月29日，他被押至泰伯恩（Tyburn）刑场执行了绞刑，并被分尸。次月，爱德华三世宣布自己将以国王的身份全权掌控国家——他当时只有十八岁。

上图 爱德华三世指使自己的少数随从潜入了诺丁汉城堡，抓捕了罗杰·莫蒂默。

爱德华三世登场

爱德华三世似乎有能力将这个四分五裂、陷入绝境的国家统一起来。与他的父亲不同，他是一位表面平易近人、极富魅力的国王。他身材高大，目光敏锐，拥有一头金雀花家族的金红色长发。他的妻子菲莉帕（Philippa）有一双"深棕色的眼睛，举止端庄"，两人一共有十三个孩子。尽管国王有很多不忠的行为，但据说菲莉帕是一个冷静稳重的助手。

爱德华三世精通狩猎和骑士艺术，对亚瑟王的传说也非常着迷。从亨利二世时代起，金雀花家族就一直对亚瑟王的传说情有独钟。亨利二世的妻子阿基坦的埃莉诺在宫廷里一直对与亚瑟王有关的一切事物的传播十分热衷，随后，关于兰斯洛特（Lancelot）与桂妮维亚、绿衣骑士高文（Gawain）以及圆桌骑士寻找圣杯的浪漫故事被传播开来。

爱德华三世也以践行亚瑟王准则为宗旨，推崇骑士精神，其融合了军事守则和基督教伦理：要求骑士英勇无畏，对爱人忠贞不渝，对君主誓死效忠。后来，国王借此将贵族和臣民与自己的王权紧紧地捆绑在了一起。

> 骑士精神融合了军事守则和基督教伦理：要求骑士英勇无畏，对爱人忠贞不渝，对君主誓死效忠。

左图 温莎城堡成为爱德华三世的卡米洛特（亚瑟王宫）。城堡主楼和城墙的设计如图所示。

圆桌会议

1344年，爱德华三世在温莎城堡举办了第一次骑士比武大会，称为圆桌会议。圆桌本身是一个圆形楼阁，骑士团的成员将印有自身纹章的盾徽挂在亭子上，如果有人想要挑战里面的骑士，可以击掉他的盾徽。随后，裁判、贵妇和其他观众会在附近的看台上观看骑士之间的格斗，看台上挂满色彩鲜艳的旗帜和横幅。

代表骑士的纹章符号或颜色变得越来越难记，因为比武场上有很多纹章出现。于是，比武大会的传令官就负责辨认不同的纹章，并向观众解释比武骑士的身份。传令官不但要十分了解骑士的家族史，以及悬挂的盾牌颜色所代表的身份，还要帮助那些看中了某位骑士的贵妇牵线搭桥。

宫廷贵妇是爱德华三世举办比武大会的主要目标。而她们也是比武骑士的战斗动力，他们会戴着自己的专属围巾参加比赛。战胜所有挑战者的骑士将得到那些战败者的马匹和一顶金冠，还可以把此冠献给他所中意的贵妇。有时出乎众人意料的是，获胜的骑士竟然是爱德华三世本人，为了确保比赛公平，他会挂上一个匿名的盾徽。

上图 在中世纪的比武大会上，贵妇是骑士战斗的主要动力。

爱德华三世将宫廷设在了温莎城堡，这座城堡原来只是一座简单的碉堡，后来被国王建造成了一座宏伟的宫殿。温莎城堡成为当时英格兰最大的建筑工地，直到乔治四世时期才最终完工。城堡的中央庭院是举办骑士比武大会的场地。爱德华三世的早年生活被描述为"沉迷于比武大会和与贵妇做伴消遣"，温莎城堡是爱德华三世的卡米洛特。不过，无聊的比武大会背后有一个严肃的目的，那就是选拔有能力作战的骑士，而战争也成为爱德华三世统治期间的一个显著特征。

战斗国王

在莫蒂默败给苏格兰国王罗伯特·布鲁斯之后,爱德华三世一直急于收复苏格兰。这时,一群英格兰贵族发动了对苏格兰的入侵,以夺回他们在莫蒂默签署的停战和约下失去的土地。爱德华三世认为机会来了,他在1332年赢得了一场决定性的战役,任命爱德华·巴里奥(Edward Balliol)为苏格兰的傀儡国王,但这一局面并没有维持太久。

1333年,爱德华三世再次率军前往苏格兰,试图恢复巴里奥的王位,他在哈利顿(Halidon)山与阿奇博尔德·道格拉斯(Archibald Douglas)率领的苏格兰军队交战。同时代编年史《普拉斯卡登》(*Pluscarden*)中的一章记载了苏格兰军队如何从一开始就自我束缚的:

> 他们(苏格兰士兵)大张旗鼓地向那个镇进军作战,但是却鲁莽、愚蠢、不明智地选择了哈利顿山作为战场,在两军对垒之间有一片沼泽地,苏格兰军面前是一个巨大的下坡,一些悬崖峭壁,还有一座高地。

英格兰军队从班诺克本战役中吸取了教训——向苏格兰军队的"刺猬阵"发动骑兵冲锋是愚蠢之举。于是,爱德华三世便在哈利顿山顶部署了三个师的弓箭手,当"刺猬阵"的长矛兵向英军发起进攻时,

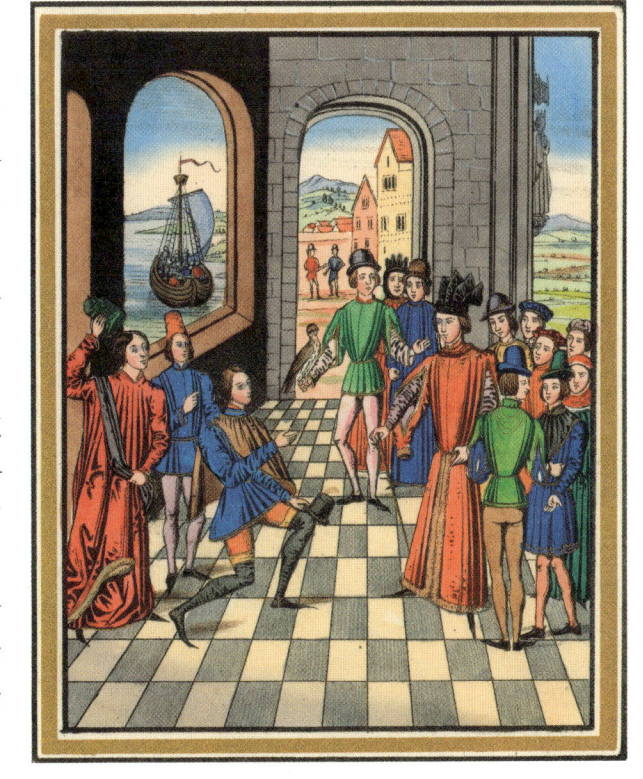

下图 1327年,罗伯特·布鲁斯与爱德华三世交锋。1328年,布鲁斯签署了《爱丁堡—北安普敦条约》(*Treaty of Edinburgh–Northampton*),由此结束了第一次苏格兰独立战争。

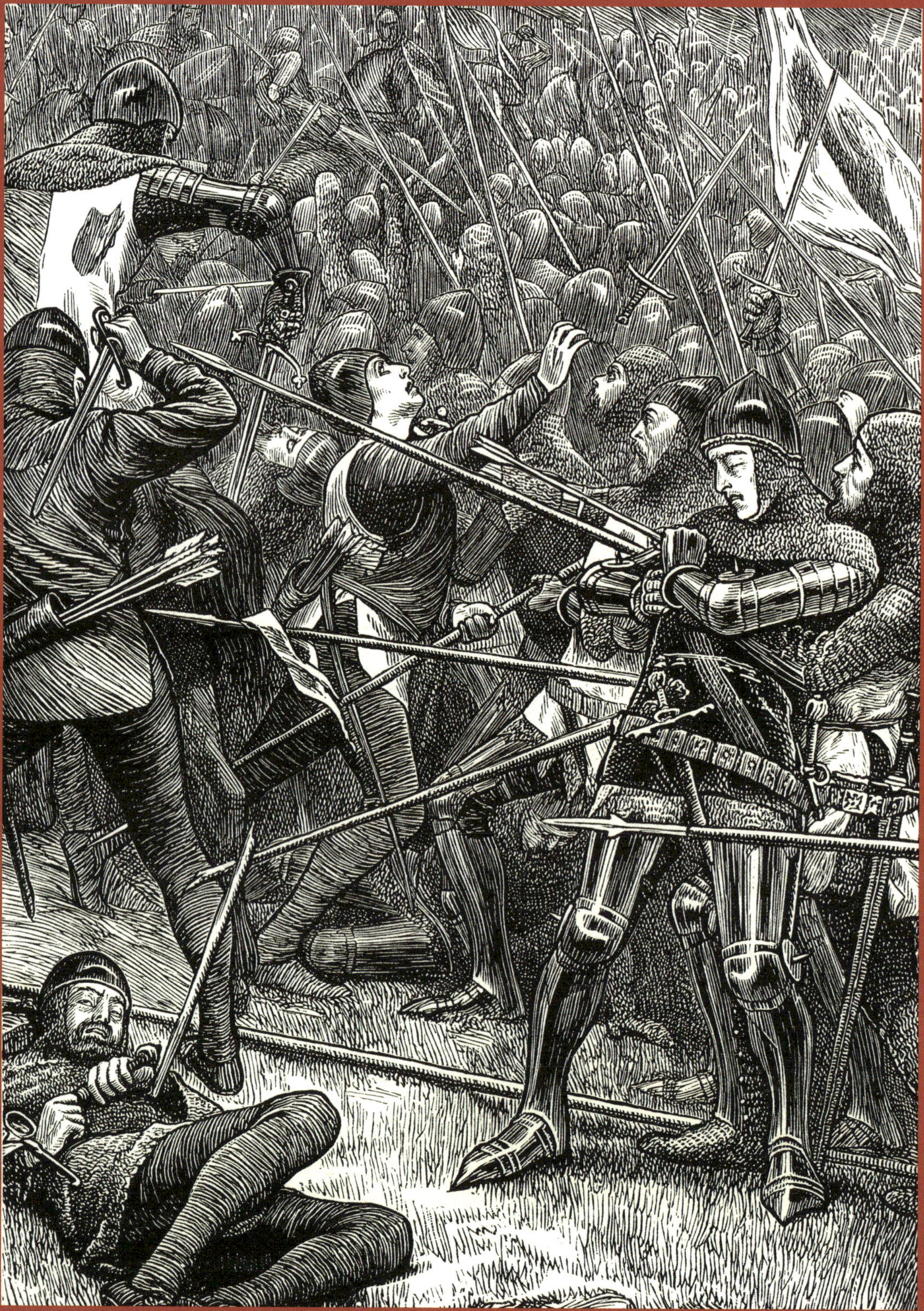

他就命令弓箭手放箭，"刺猬阵"很快就被破解了。许多苏格兰战士落荒而逃，爱德华三世派骑兵乘胜追击。这场战斗变成了一场屠杀，英军不仅屠杀了苏格兰的普通步兵，还杀了许多骑士和贵族。

哈利顿山战役之后，爱德华三世显然抛下了他的骑士风范，转而带领军队在苏格兰低地烧杀抢掠。在这场蓄意的恐怖行动中，低地的庄稼和村庄化为焦土，当地村民也都死在剑下。尽管巴里奥暂时恢复了王位，但这并没有持续太久。1338年，苏格兰领袖大卫二世在法国人的帮助下重新控制了苏格兰，爱德华三世再次被迫签署了停战协议。

对爱德华三世来说，法兰西与苏格兰结盟是一个棘手的问题。1295年，这两个国家缔结了联盟关系，发誓要互相保护免受英格兰人的侵害。然而，英格兰国王并不想在两条战线上开战，因为真正让这位战斗国王感兴趣的是法兰西，而不是苏格兰。

1328年，绝嗣的查理四世突然逝世，爱德华三世便借机对法兰西采取了行动。后来在几个王位候选人中，查理四世的堂弟腓力·德·瓦卢瓦（Philip de Valois）被加冕为法王腓力六世。然而，爱德华三世却认为自己同样有权接管法兰西，因为他的母亲是已故国王的妹妹。虽然根据法兰西《萨利克法》（Salic law），女性无权继承王位，但这对爱德华三世来说并不重要。

1337年，腓力六世强行将金雀花王国的领土加斯科涅据为己有，爱德华三世随即公开宣称对法兰西的王位享有继承权，于是间接地导致英法两国之间的百年战争，这场战争断

上图 苏格兰的大卫二世与爱德华三世握手言和，停战协议正式生效。

对页图 哈利顿山战役以阿奇博尔德·道格拉斯率领的苏格兰军队惨败而告终。

断断续续地打到了 1453 年。不过在全面战争爆发之前，两国还发生了一系列小规模战斗。

其中最值得一提的是，爱德华三世在斯鲁伊斯（Sluys）海战中击败了入侵的法兰西军队，从而控制了英吉利海峡。1346 年 7 月，爱德华三世在诺曼底发动了一次大规模进攻，并告诉世人他才是法兰西名正言顺的国王。但是，他发动战争的真正目的是充实国库，以及威胁腓力六世，让其归还属于金雀花王国的遗产。

爱德华三世的军队举着圣乔治旗行进，这支军队大约有一万五千名士兵，其中一半以上是弓箭手，他们接受过训练，可以将箭射到两百米远的地方。庞大的弓箭手数量足以让法兰西战场上的天空被箭雨染黑。这支军队还有骑兵、步兵、工程师、掘进工和书记员，他们横扫法兰西乡村，足以证明其不可阻挡之势。

爱德华三世命令军队在行军途中不得骚扰当地民众，也不得抢劫当地教堂。然而队伍中只有真正的士兵服从了这一命令，其余的人——罪犯、农民和其他被强征来的步兵一路照旧烧杀抢掠，无恶不作。

爱德华三世在卡昂（Caen）城堡与守军初步谈判之后，他同意洗劫城镇居民而不是城堡。英格兰人把两千多具尸体堆在街道上，然后就向巴黎挺进了。站在巴黎的地平线上，就可以看到被英格兰人袭击过的城镇冒起的滚滚浓烟。法兰西人拆毁了塞纳河上的桥梁，并筑起街垒为巷战做准备，然而这场战斗并没有发生。

爱德华三世将他的军队转向了佛兰德斯（Flanders），他们将在那里与一支庞大的佛兰芒分队会师。据说爱德华三世带领军队行军的速度非常快，以致士兵们纷纷抱怨鞋子都磨破了。然而，这个速度还是不够快，因为当英格兰军队抵达会合地点时，却发现佛兰芒军队已经收拾东西回家了。

克雷西之战

腓力六世此时正率军向英格兰国王进军。1346 年 8 月 26 日，两军在克雷西村附近相遇，展开了一场激烈的战斗。爱德华三世心情舒畅，骑着马与他的儿子"黑太子"爱德华一起穿过前线，还和士兵们有说有笑。爱德华三世在前线部署了两列步兵，并在他们两翼配备了几个师的弓箭手。军队的补给车在弓箭手周围筑起了一道屏障，以防止他们被骑兵的冲锋击垮。

法兰西军队约两万五千人，远超英军。法军骑兵以其骁勇善战而闻名，腓力六世将他们分成两列，排在一列弩手后面，在侧翼部署了步兵。

双方士兵互相辱骂了好几个钟头，直到傍晚，开战的命令才传达下来。随着号

角声和战鼓声的响起，一群乌鸦从战场上空飞过，原本阴云密布的天空开始下起了倾盆大雨。法军队伍中的热那亚雇佣兵弩手向前走了几步，然后又向前走了几步。作为回应，英军的弓箭手往前迈了一步，而后双方开始放箭。

漆成白色的英格兰箭矢如雨点般密集地落在热那亚弩手身上，"如同下雪一般"。相比之下，热那亚弩手的射程不够远，以至于他们的弩箭无法射到英军的前线。当他们看到英军的箭杆射穿了战友的头和四肢时，许多人割断了弩弦，仓皇逃离战场。腓力六世看到这些逃兵，大喊道："杀了这些流氓，他们会无端骚扰我们。"

随着弩手的溃败，腓力六世绝望地下令发起骑兵冲锋，但是他们也纷纷被暴雪般的英格兰箭矢射中后倒地身亡了。

上图 1346 年的克雷西战役，爱德华三世的军队（右）和腓力六世的军队（左）会面交锋。

下图 爱德华三世的妻子菲莉帕劝说他放过加来的六个义民,他们献出自己的生命,才使其城市幸免于难。

就在这时,爱德华三世揭开了他的秘密武器——大炮,这在法兰西的战场上前所未见。这些大炮体形巨大且笨重,不易命中目标,不过单凭它们对士兵造成的心理影响就够了。

对于成千上万的法兰西士兵来说,克雷西简直就是地狱,箭雨嗖嗖地射向他们的阵地,垂死挣扎的士兵和马匹发出惨叫,炮火的巨响贯穿耳膜。法军的骑兵奋战到最后,他们宁可在战场上光荣赴死,也不愿在战败后蒙受屈辱。一个师的威尔士步兵被派到法兰西伤兵中,用刀解决了那些掉队的士兵。法兰西军队彻底被击垮:一万四千多名士兵被杀,而英军只有约两百人死亡。克雷西战役之后,英格兰军队成为全欧洲最令人闻风丧胆的军队。

黑死病

爱德华三世的儿子"黑太子"爱德华在克雷西战役中赢得了他的马刺（骑士头衔），非常有望继承王位。然而，他却于1376年去世，和金雀花家族的很多其他成员一样，也是因染痢疾而死。1356年，爱德华三世和"黑太子"爱德华在普瓦捷会战中大放异彩，最终俘获了法兰西的新国王约翰二世。不过，爱德华三世却始终没有成为法兰西国王。

克雷西战役是爱德华三世战斗生涯中的巅峰，他也在很多其他战争中取得了胜利，但没有一场像克雷西战役这样大获全胜。从法兰西掠夺来的战利品让爱德华三世变得非常富

左图 爱德华三世在克雷西大获全胜后向他的儿子"黑太子"致意。

有。1347年，爱德华三世大张旗鼓地回到英格兰。他在彻底击败法兰西后，还镇压了苏格兰的另一场起义。然而没过多久，一场灾难席卷而来。

黑死病，又名"鼠疫"，14世纪30年代起源于亚洲，后来在欧洲大陆蔓延开来，并于1348年在伦敦暴发。

鼠疫（由鼠疫耶尔森氏菌引起）主要是指寄居在老鼠身上的跳蚤所携带的淋巴腺鼠疫，它本身传播能力有限，但是它的变种——肺鼠疫和败血症鼠疫使黑死病更容易通过血液或体液传播，在感染后通常对着人打喷嚏就足以传播这种疾病。

鼠疫通常发生在脏乱、拥挤的环境中，其症状十分可怕：患者的腋下和腹股沟会长出许多黑色的脓疮，有时还会流脓。感染鼠疫的患者还会出现四肢酸痛、呕吐和腹泻的症状，在感染后通常只能活几天。这场瘟疫在几周内就席卷了整个英格兰。

在1348—1351年间，英格兰有三分之一至二分之一的人口死于鼠疫，有人估计死亡人数为两百万。墓地尸横遍野，死者躺在街上无人埋葬。教堂的钟声沉寂了，渔船静静地停在港口，庄稼沤烂在田地里。外国船只因害怕感染鼠疫都远离英格兰港口，但这场瘟疫也已经在欧洲大陆泛滥成灾。

由于死了大量的农民，地主不得不支付是以前三倍的工资请现有劳工来收割庄稼。粮食极度短缺，地主廉价出售土地以筹集工资。1349年，爱德华三世没有召

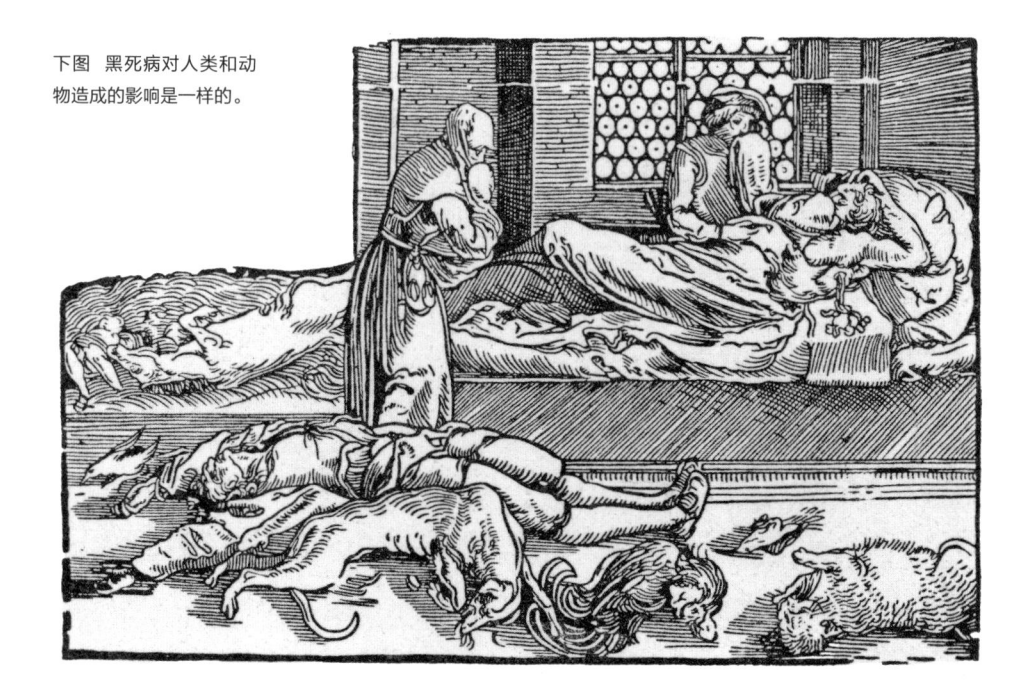

下图 黑死病对人类和动物造成的影响是一样的。

开议会,尽管他下令农民必须留在自己的村庄,不得到邻郡去赚取更高的工资,然而很少有人听从这一命令。

爱德华三世也在黑死病中失去了两个女儿——瘟疫并不会理会地位或特权。黑死病消退之后,爱德华三世继续实施他的计划——设立嘉德(Garter)勋章,以奖励那些在克雷西战斗中表现最出色的骑士。国王在温莎城堡举办了一场比武大会,庆祝嘉德勋章正式设立,此后每年的4月23日即圣乔治日,嘉德勋章授予仪式都会在温莎举行,并有庆祝活动。时至今日,在英国被授予嘉德勋章仍是至高无上的荣誉。

嘉德勋章授予仪式的场面十分隆重,堪比爱德华三世的比武盛典,但对国王而言,或许有些趣味已经黯然失色了。克雷西大屠杀让他对战争中的骑士精神产生了质疑。因此,当爱德华三世从法兰西回到英格兰后,他放弃了建造一个真正的圆桌来纪念亚瑟王的计划。也许骑士精神最好还是寄托在浪漫的故事和美好的过去当中。

不过,骑士精神曾激励爱德华三世的臣民奔赴海外作战。两百多年前,金雀花家族来到英格兰,以统治者的身份接管了这片属地,开辟了他们的王朝。他们只说法语,对英格兰的通用语不感兴趣。但后来爱德华三世颁布了《申辩条例》(*Statute of Pleading*),正式将英语而非法语作为法庭和议会的官方语言。过后他便于1377年与世长辞了。

英语不再只是英格兰底层人民的语言,也是骑士、贵族和君主的语言。它将金雀花王朝未来的所有国王与这片土地紧密联系在一起,使他们不再把这个国家视为属地,而是大英帝国。

下图 嘉德勋章。时至今日,在英国被授予该勋章仍是至高的荣誉。

RICHARD II

第六章

理查三世

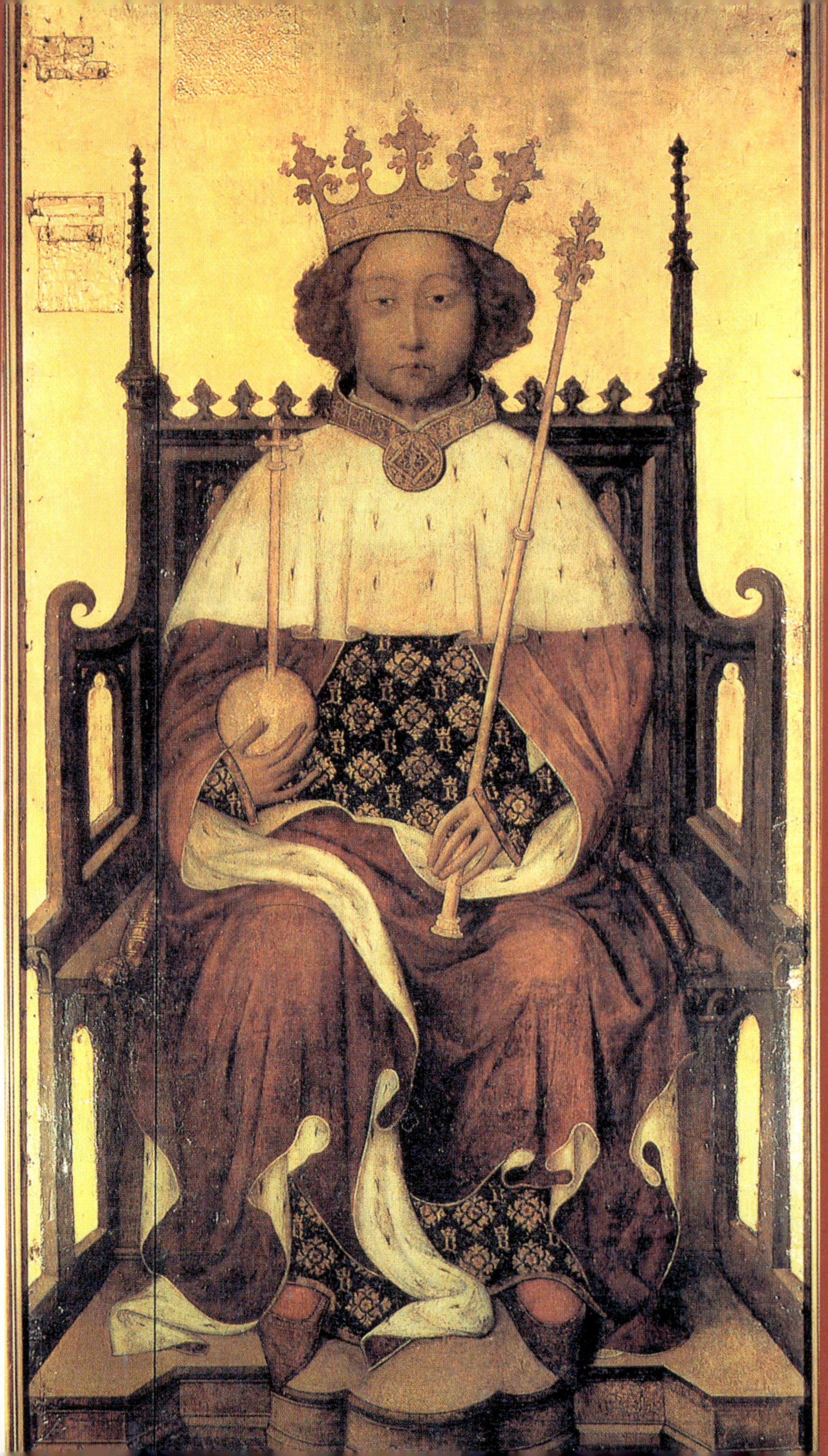

THE PLANTAGENETS

理查二世相信自己作为上帝指派的国王，有权对国家进行统治，但他的暴虐最终导致谋杀、叛乱和同室操戈。后来许多英格兰国王也惨死在自己家人的手中。金雀花王朝再也无法恢复元气。

1381年6月13日，理查二世忧心忡忡地站在伦敦塔的一个角楼上，看着一群义军手持棍棒、弓箭、斧头和刀洗劫了伦敦。支持这群义军的伦敦人打开了城门，放他们冲过伦敦桥，毫无阻碍地涌入了首都。他们在伦敦进行了疯狂的破坏和杀戮：烧毁兰开斯特公爵冈特的约翰（John of Gaunt）的萨伏伊宫，杀害政府官员；洗劫圣殿，即伦敦律师的住所；袭击舰队监狱，放出里面的囚犯；还渡河将坎特伯雷大主教的兰贝斯宫夷为平地。

义军一路毁坏财物，打家劫舍，许多人喝了偷来的酒醉倒在地。对于畏缩在伦敦塔内的理查二世和他的王室随从来说，眼前的景象令他们毛骨悚然。无数的建筑物冒出滚滚浓烟，可怕的喧嚣在整个城市上空回荡。据编年史作者托马斯·沃尔辛厄姆（Thomas Walsingham）记载，义军的尖叫和怒号听上去就如同魔鬼，他们仿佛跌入了地狱的深渊。

所有人都将目光投向十四岁的国王理查二世，希望他能找到一条解决之道。其实，义军对理查二世和他的堂弟——当时也在塔中避难的亨利·博林布鲁克（Henry Bolingbroke）并无恶意，他们想要的是"叛贼"的鲜血：国务大臣兼坎特伯雷大主教西蒙·萨德伯里（Simon Sudbury）、财政大臣兼医院骑士团枢机罗伯特·黑尔斯（Robert Hales）以及理查二世的叔叔（博林布鲁克的父亲）——兰开斯特公爵冈特的约翰。

对页图　这幅理查二世的大型画像中，他在高处俯视自己的臣民，就像国王本人平时所做的那样。

下图 1381年农民起义期间，罗拉德派（异端教派）神父约翰·鲍尔企图煽动瓦特·泰勒及其追随者的反叛情绪。

这些人是年轻国王的谋臣，他们推出了一项新的人头税，所以才引发了农民起义。英格兰所有十四岁以上的人都必须缴纳此税，不论其收入如何。这项税收甫一出台就引起了极大的愤慨，许多农民被逼至绝境。他们刚刚从黑死病灾难中幸存下来，新的劳工法却限制了他们的工资水平，而地方治安官又经常向他们强征人头税，这才导致后来被称为农民起义的暴乱。

这次农民起义是英格兰有史以来规模最大的劳工暴动，起义人数超过三万人。当时他们站在伦敦塔前，大声疾呼要那些征税者血债血偿。人群高喊着："把冈特的约翰交出来！""把萨德伯里交出来！""把强盗霍布（义军给罗伯特·黑尔斯取的诨名）交出来！"

理查二世的谋臣们提议，让国王与起义的农民谈判来转

移其注意力，以便为他们争取逃跑的时间。理查二世相信自己受到上帝的保护，于是同意了这一提议。国王和他的侍卫骑马来到麦尔安德（Mile End）的原野，与一群义军及其领袖瓦特·泰勒（Wat Tyler）进行了商谈。听完泰勒提出的要求后，理查二世全都答应了。这些要求相当于对英格兰社会结构进行一次彻底的改革，包括废除农奴制、取消工资限额以及允许农民自由地抓捕和处决"叛贼"。

然而，可供惩处的"叛贼"已经所剩无几了。在双方谈判的时候，义军冲进了塔楼，将萨德伯里和黑尔斯杀死并斩首。一名机智的骑士将亨利·博林布鲁克藏在壁橱内，让他侥幸逃脱了义军的抓捕。

这些屠戮似乎重振了义军的斗志。他们冲进威斯敏斯特教堂，抓住了躲在忏悔者爱德华三世神龛后面的监狱长马歇尔希（Marshalsea）。

这名监狱长被拖到齐普赛（Cheapside）大街被斩首，与他一起伏法的还有几十名佛兰芒商人、其他外国人等。临时搭建的砍头台地面浸透了他们的鲜血。

左图 描绘理查二世与瓦特·泰勒带领的义军面谈的微型画，出自让·傅华萨（Jean Froissart）的《编年史》。

下图 瓦特·泰勒死于伦敦市市长威廉·沃尔沃斯之手。这场谋杀发生后，年轻的理查二世迎来了决定性时刻。

与此同时，理查二世及其随从躲进了黑衣修士区的避难所。理查二世为制止义军进行了最后一搏，他向泰勒传话说想与其再次面谈。另一场会谈安排在城外，也就是今天的史密斯菲尔德肉类市场。理查二世作为国王的命运将决定于这一生死攸关的时刻。

在城外的原野上，等待理查二世的义军中弥漫着紧张不安的气氛。不久理查二世带着一批守卫骑马赶来，他们的长袍下都藏有武器。瓦特·泰勒似乎喝醉了，沉醉在美酒和他的胜利当中，他重述了自己在麦尔安德提出的要求。他还说，必须将这些要求写下来，签署并形成法律，农民才会解散。就像上次在麦尔安德那样，理查二世同意照此执行。

但突然之间，泰勒和伦敦市市长威廉·沃尔沃斯（William Walworth）发生了一场混战。沃尔沃斯拔出佩剑，向泰勒的脖子和脑袋猛砍了两下：这两剑造成了致命的伤口。泰勒转头骑上马奔回义军处，但还没等骑到义军跟前，就从马上摔

了下去。义军中间顿时发出一阵呐喊，他们开始拈弓搭箭。

就在这时，理查二世突然飞奔到义军面前，向他们喊道，他是国王和领袖，在上帝的注视下他们应当服从他。令人难以置信的是，这番话起了作用。义军纷纷向国王鞠躬，许多人还单膝跪下。似乎是为了证实国王的地位和权力，一群王室骑兵来到原野上，准备援助国王。然而这里并没有发生更进一步的流血冲突，义军认为他们取得了巨大胜利，便解散回家了。

理查二世在史密斯菲尔德展现了他的勇气和威严，这一决定性时刻让在场的所有人都感到惊讶——除了他自己。从孩提时代起，理查二世就被告知是上帝指派他来领导英格兰人民的。在理查二世的加冕礼上，他被涂上圣油以证实这个说法。因此，当义军跪在他面前时，只是进一步证实了这位年轻国王正在履行他的神圣使命。他不会遭遇任何危险，因为上帝会保护他不受叛乱农民的伤害。

然而，理查二世并不打算遵守诺言。十八天后，当农民代表团来到朝廷讨论协议细节时，他们发现了一个全然不同的国王。理查二世的态度冷若冰霜，他对农民说话时语调冰冷而生硬。很多人在此后的岁月里都会见到理查二世的这一面。根据编年史作者托马斯·沃尔辛厄姆在《英格兰历史》（*Historia Anglicana*）中的记载，理查二世当时是这样说的：

> 你们这些可怜的人……只要活着就根本不配和你们的领主平起平坐……你们过去是农民，现在仍然是农民。你们将继续受奴役，不过不再像以前那样严酷，而是比以前严酷不知多少倍。只要我们还活着，承蒙上帝恩典统治着这个王国，我们就会用尽全心、全力和所有的财富压制你们，让你们饱尝奴役之苦，以警示后人。

理查二世说完那番话后，便开始"兑现"他的诺言——一百五十名义军领袖受到审判，他们被裁定犯有叛国罪并被处决，其中大多数农民被斩首。随后国王召开议会，审议农

> 理查二世的态度冷若冰霜，他对农民说话时语调冰冷而生硬。

奴制及废除的可能性，以免由此再发生暴乱。议会两院的下议院和上议院一致投票反对这项议案，最后农奴制和封建制度皆完整保留，农民起义以失败告终。

宫廷伙伴

理查二世还只是个十几岁的孩子，但他镇压农民起义的行为手段已经显示出他精于算计、奸诈狡猾的一面。他拥有的金雀花家族基因决定了他易怒的秉性，而且一发怒就会脸红，结结巴巴，这让他有点像个可怕的顽童。他是一个高大英俊的男人，有着高高的颧骨、金红色的头发和大大的眼睛。有一次他拔剑在坎特伯雷大主教的面前乱挥，不过立刻就被制止了。

据说理查二世的新娘——十几岁的波西米亚的安妮（Anne of Bohemia）对他有很大的安抚作用。两人都喜欢英格兰宫廷的奢华生活，经常沉迷于宫廷的庆典和盛大活动。一

上图 年轻的理查二世在伦敦城外，也就是今天的史密斯菲尔德肉类市场附近会见义军。

阶级与服饰

农奴制是一种奴役制度，它将农奴束缚在拥有土地的领主身边。农奴在领主的土地上劳作，以换取一小块土地种植作物，维持自己的生计。农奴未经准许不得随意出行、迁徙或到别处工作。农奴制是在欧洲封建制度下形成的一种剥削制度，它将贵族和神职人员置于社会等级的顶端，而将农民置于底层。农民起义要求废除农奴制，实际上是要求彻底改革国家的社会和经济结构，因此在议会中，地主不同意废除农奴制也就不足为奇了。这一制度一直延续到16世纪。

英格兰社会结构的一些规定基本出自14世纪的《禁奢法》(Sumptuary Laws)。这些法令将人口分为七个阶层，并规定了每个阶层的着装。例如，1363年法令中的一项条款规定："低于领主、绅士或乡绅阶层的骑士，或其他任何人，都不得穿有鞋钉或尖头超过两英寸的鞋子或靴子，违者罚款四十便士。"同一法令中还有针对女性的条款，其中包括："仆人的妻子和女儿不得穿戴价值十二便士以上的面纱""下级勋位爵士的妻子或女儿不得穿着天鹅绒"以及"金布和紫绸仅供王室女性使用"。

《禁奢法》对理查二世的着装没有任何限制，这是非常幸运的，因为他喜欢精美华丽的服装。当时宫廷内流行：男人们穿着丝袜、遮羞布和紧身上衣；女人们穿着饰有珠宝的长袍和尖头鞋，鞋筒通常很长，必须用吊袜带将其夹住才能支撑起来。

左图 三位14世纪的贵族女性展示了当时的流行装扮。

位编年史作者指责理查二世生活奢侈、挥霍无度，对"与朋友狂欢作乐"的兴趣超出对作战的兴趣。许多人认为寻求战争是国王的主要职责，但理查二世并没有这样做，他更喜欢维持和平的局面，在国内过着放纵的生活。他将大量土地和爵位赐给了他的宫廷伙伴——由一群声名狼藉的年轻贵族组成的护卫队，其中包括罗伯特·德·维尔（Robert de Vere）、迈克尔·德·拉·波尔（Michael de la Pole）和罗伯特·特雷西利安（Robert Tresilian）。负责为年轻国王出谋划策的年长贵族们特别讨厌德·拉·波尔，他是一个出身低微的羊毛商人的儿子，却被理查二世封为萨福克公爵和国务大臣。德·拉·波尔的平步青云让宫廷中的年长同僚无法接受。

年长的贵族们向理查二世施压，要求他展现国家的军事实力，就像他的父亲"黑太子"爱德华曾经做到的那样。战争党包括兰开斯特公爵冈特的约翰、格洛斯特公爵伍德斯托克的托马斯（Thomas of Woodstock）以及阿伦德尔伯爵理查·菲茨艾伦（Richard FitzAlan）。理查二世终于同意开战，随后在佛兰德斯和苏格兰发动了两场表现拙劣的战争。

第一场是诺里奇主教亨利·德斯潘塞领导的远征佛兰德斯的"圣战"，旨在将这个贸易城市从法兰西的手中拯救出来。然而，德斯潘塞的东征以屠杀了许多无辜的佛兰芒居民而告终，随后又与法兰西人签订了不尽人意的和平条约。英格兰没有得到任何领土，德斯潘塞一回到英格兰就遭到了议会的弹劾。他及时从这次指控中挣脱出来，参加了理查二世于1385年在苏格兰发动的战争。许多贵族和十八岁的国王一起向北进军，此次北伐是为了赶走驻守在苏格兰的法兰西驻军，他们已经对英格兰构成了威胁。然而，当英格兰军队抵达苏格兰时，却找不到任何法兰西或苏格兰的军队，似乎没有人愿意出面与理查二世交战。

上图 理查二世正在祈祷，他喜欢华丽的衣服和奢华的宫廷生活。

对页图 理查二世和他的新娘——波西米亚的安妮在加冕典礼上交谈。据说这段婚姻里有真正的爱情。

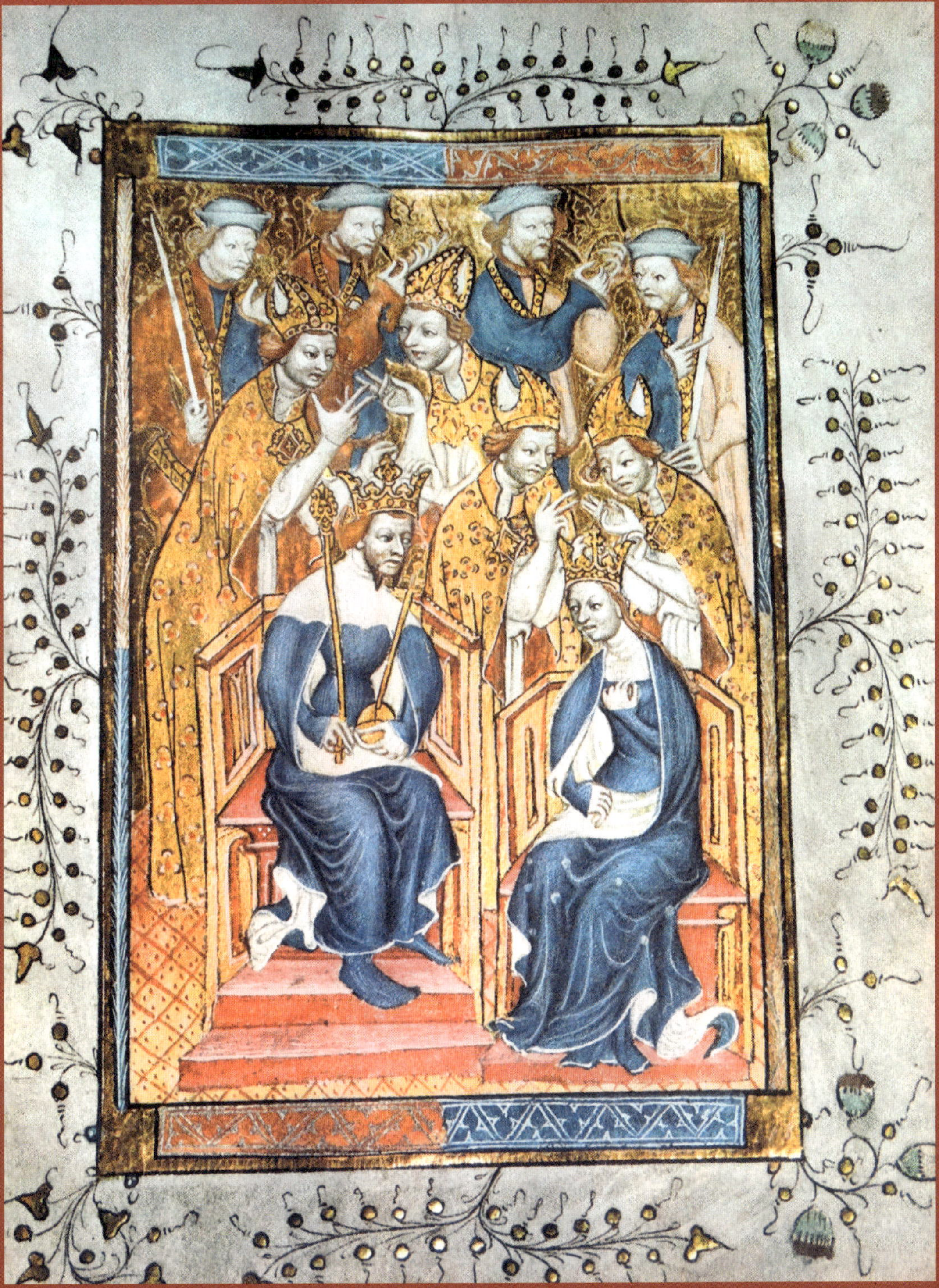

老一辈贵族们敦促理查二世找出敌人，他们显然藏匿在苏格兰高地，但是理查二世拒绝了。在贫瘠多风的高地上开展游击战是没有回报的，理查二世遂下令罢战回国。作为一个战士国王，理查二世并没有赢得威望和战利品，而是一无所获地回到了英格兰。他现在必须平息朝廷中正在进行的内部斗争。

到1386年，人们已经对理查二世怨声载道了。他的军事行动是一场灾难，王室金库几近空虚，而且有传言说法兰西国王查理六世已经举兵入侵英格兰。单就这些问题而言，可能还不足以对理查二世的王权造成威胁，但再加上他对一些人的任命就够了。

参加1386年的后来被称为"美妙议会"（Wonderful Parliament）的人们尽情发泄着自己的不满情绪。议会一开始，迈克尔·德·拉·波尔就要求增加税收，以保卫英格兰免受查理六世的侵犯。贵族们怒吼着要求撤销德·拉·波尔的职务，并呼吁以无能和贪污的罪名呼吁将其投入监狱。理查二世听到这阵怒吼后涨红了脸，结结巴巴地说他不会听从议会的要求，哪怕只是解雇一个御厨杂役。

就在那时，贵族菲茨艾伦和伍德斯托克提醒理查二世想一想其曾祖父爱德华二世的命运。言下之意显而易见：坏国王可能会被推翻，也许以后还会在自己的床上被害。理查二世非常崇拜他的先辈爱德华二世，还曾请求教皇将爱德华二世封为圣徒。爱德华二世被杀的事或许平息了理查二世的愤怒。

国王别无选择，只能服从"美妙议会"规定的所有限制，包括罢免德·拉·波尔的职务。接下来，议会组建了一个委员会来接管国务大臣的职责，但不允许理查二世参与其中，他的王权实际上已经被罢免了。议会从未如此强大，十八岁国王的权力也从未如此弱小，这是理查二世永远无法原谅的屈辱。

在议会处理国务期间，理查二世离开了伦敦，开始了为期八个月的全国巡游。理查二世这样做的目的是争取支持，

上图 迈克尔·德·拉·波尔的雕像，他是一个羊毛商人的儿子，被理查二世赐予了土地和爵位。

与他同行的还有可憎的德·拉·波尔和德·维尔。他下令召集了一批国内最资深的法官，询问他们"美妙议会"强加给他的法令是否合法。

经过坐立不安的几小时后，法官们说出了理查二世想要听到的话：那些法令并不合法，那些将法令强加于国王的人都是叛国贼，应当受到惩处。王座法庭大法官罗伯特·特雷西利安也裁定"美妙议会"的行为是非法的和叛国的。

1351年，爱德华三世颁布《叛国罪法案》(*Statute of Treason*)，更明确地界定了叛国行为。在此之前，皮尔斯·加弗斯顿、休·德斯潘塞和罗杰·莫蒂默就曾以叛国的罪名被处决。爱德华细化了叛国罪的定义，叛国行为主要是指对国王或王室成员进行实质性的或有计划的攻击。

下图 理查二世在"美妙议会"上发表讲话，这场议会罢免了他的王权。

但现在，叛国罪再次变得模糊不清、无所不包。例如，那些企图在议会上部署改革或弹劾无赖伯爵的人可以被视为叛国贼，那些限制国王权力的人也可以被视为叛国贼。如果理查二世这么定义的话，那么"美妙议会"中的大多数议员如今都面临着失去头衔和财富以及掉脑袋的危险。全国各地的贵族因害怕被捕都在招兵买马，内战一触即发。

问题在于理查二世和"美妙议会"的议员都认为对方犯了叛国罪。诸侯们向理查二世提出上诉，要求他罢免德·维尔和德·拉·波尔，这些人后来被称为"上诉诸侯"（Lords Appellant）。由于担心遭到报复，诸侯们拒绝亲自会见理查二世，而是集结了一支以亨利·博林布鲁克为首的军队，他刚刚结束十字军东征归来。

对此，理查二世只好撤退到伦敦塔，企图征集一支王室军队，但他失败了，因为人民全都支持"上诉诸侯"。更糟糕的事情还在后面。"上诉诸侯"试图追捕德·维尔，他当时正率领自己的军队前往伦敦援助理查二世。博林布鲁克在途中差点抓到德·维尔，不料这位前国务大臣竟然脱掉盔甲，一头跳进泰晤士河逃跑了，随后他逃到了法兰西。如今没有人能反抗"上诉诸侯"，于是他们包围了伦敦塔，抓获了国王。理查二世不得不面对新的"无情议会"（Merciless Parliament）。

议会此时拥有完全的权力，但它明确表示不会废黜理查二世。在其开幕式上，议员们身穿金色长袍进入会场，戏剧性地手牵着手走向国王，然后向他鞠躬致敬。接下来他们便开始剥夺理查二世的王权，对他的王室成员、围绕在他身边的年轻贵族以及密谋重新定义叛国罪以迎合他的法官进行了肃清。

议员们裁定王座法庭大法官罗伯特·特雷西利安犯有叛国罪，并判处其死刑，在议会起义的几个月中，还有更多的人紧随其后受到裁决。理查二世别无选择，只能眼睁睁地看着他的朋友们被拖去绞杀或斩首，这对他来说是毁灭性的屈辱。

特雷西利安之死

编年史作者托曼·费文特(Thoman Favent)记述了罗伯特·特雷西利安被抓获、逮捕和处决的不寻常经历:

有人发现(特雷西利安)藏匿在宫殿外的某座附属房屋的天沟上方,躲在屋顶上偷窥进出出议会的诸侯。然而,当士兵们迅速闯入那座房屋,四处查看却发现没有人时,一个神情严肃的骑士大步走到房屋主人的父亲面前,揪住他的头发,拔出匕首说道:"告诉我们特雷西利安在哪里,否则你马上就要见上帝了。"那位父亲吓坏了,立刻说:"看那人现在坐的地方。"于是,在一张铺着桌布的圆桌下面,特雷西利安不幸被士兵们找到了,他像往常一样将自己伪装了起来。当时,他穿着一件长到小腿的旧布袍子,像个老人一样,还留着粗硬浓密的胡须,脚上穿着一双约瑟夫式的红靴子,看上去不像国王的法官,倒像个朝圣者或乞丐,士兵们见状都觉得不可思议。

……最后,特雷西利安被绳索捆住关进囚车,被拖着穿过伦敦城,同行的还有许多诸侯、平民、骑兵和其他路人……他被押解到刑场后不愿上刑台,士兵便用棍棒和鞭子抽打他,将其赶了上去。他说道:"只要我身上带着某种东西,我就不会死。"行刑者立刻剥去他的衣服,然后看到他身上贴了很多符咒,有一张符咒画着恶魔的头像,其他很多符咒则都写着恶魔的名字。这些符咒被拿走之后,他就赤身裸体地被绞死了,为了确保杀死他,行刑者还割断了他的喉咙。

左图 表现罗伯特·特雷西利安被处决的中世纪微型画。

下图"无情议会"的议员们向理查二世详细解释他的王权将如何被剥夺殆尽。

成年的国王

在"无情议会"大清洗之后,很多人以为理查二世会进行报复,但他没有这样做。相反,他似乎采取了更加成熟和明智的态度来进行统治。有一段时间,在新的国务委员会的主持下,理查二世的王国和平繁荣,王室账目收支达到平衡。

1389年,已满二十二岁的理查二世宣布,他将独立进行统治,不再需要国务委员会的辅佐。没有人能说什么,因为理查二世是国王。此外,自"无情议会"结束以来,国王的做派也许变得更加帝王化,但他也一直保持和解姿态,所以大家对他已经没有什么可抱怨的了。此后的八年里,理查二世一直独立主持朝政,宫廷里也出现了一些细微的变化。

第一个变化是关于国王的称呼。理查二世希望被称为"殿下""陛下""无比尊贵的陛下"。这些尊贵的新称呼激怒了许多贵族,但他们也只能迎合国王,然而理查二世却越来越沉溺于他所谓的优越感。他被上帝"膏抹"为统治者,因此上帝是他唯一的主宰。

理查二世采用白色雄鹿标志作为他的个人徽章，还组建了一个新的随从团，这些亲近的追随者被称为"亲和者"（affinity），他们全都佩戴着国王的白鹿徽章。于是，白鹿标志开始出现在各个地方，包括理查二世委托画家为他创作的著名艺术作品——《威尔顿双联画》（Wilton Diptych）中都有白鹿标志的出现。这幅画描绘了理查二世接受上帝赐予的王冠，以及一群佩戴着白鹿徽章的天使。

白鹿象征着理查二世对仪式和盛典的热爱，华丽的《威尔顿双联画》则代表了理查二世对艺术的赞助。然而在这光辉灿烂的表象之下，也存在着一些问题。白鹿徽章的佩戴者似乎越来越像一个邪教团体：只有真正忠诚的人才能佩戴这个徽章，这就意味着一个新的特权阶层正在形成。一些佩戴徽章的雇佣兵护卫开始跟随国王，不管他走到哪里，最终这支小型卫队发展成了一支类似私人军队的队伍。

理查二世越来越自觉高贵脱俗，他的姿态也变得越来越高傲，越来越像上帝。在他改建的威斯敏斯特教堂大厅的宴会上，他身着王室礼服，安静地坐在高高的宝座上，注视着

下图《威尔顿双联画》描绘了受圣油的理查二世在圣徒和圣母玛利亚的守护之下。

对页图 波西米亚的安妮的去世对理查二世是一个沉重的打击，因为他真心爱恋着他的王后。

下图 理查二世与查理六世七岁的女儿伊莎贝尔成婚，这桩婚姻旨在促进与法兰西的和平共处。

眼前发生的一切，却不与任何人交谈。如果他的目光盯住了某人，那么他就必须到他面前屈膝致敬。国王渴望得到尊崇，结果使他在宫廷中表现得越来越冷漠。

1394年，理查二世的妻子安妮去世，年仅二十八岁，一切就此改变了。

他们十几岁就结婚了，在国王混乱的生活中，王后安妮是他平静的源泉，两人之间有着真挚的感情。王室联姻最重要的目的是加强与其他王国的联盟，但理查二世和安妮也深爱着彼此。

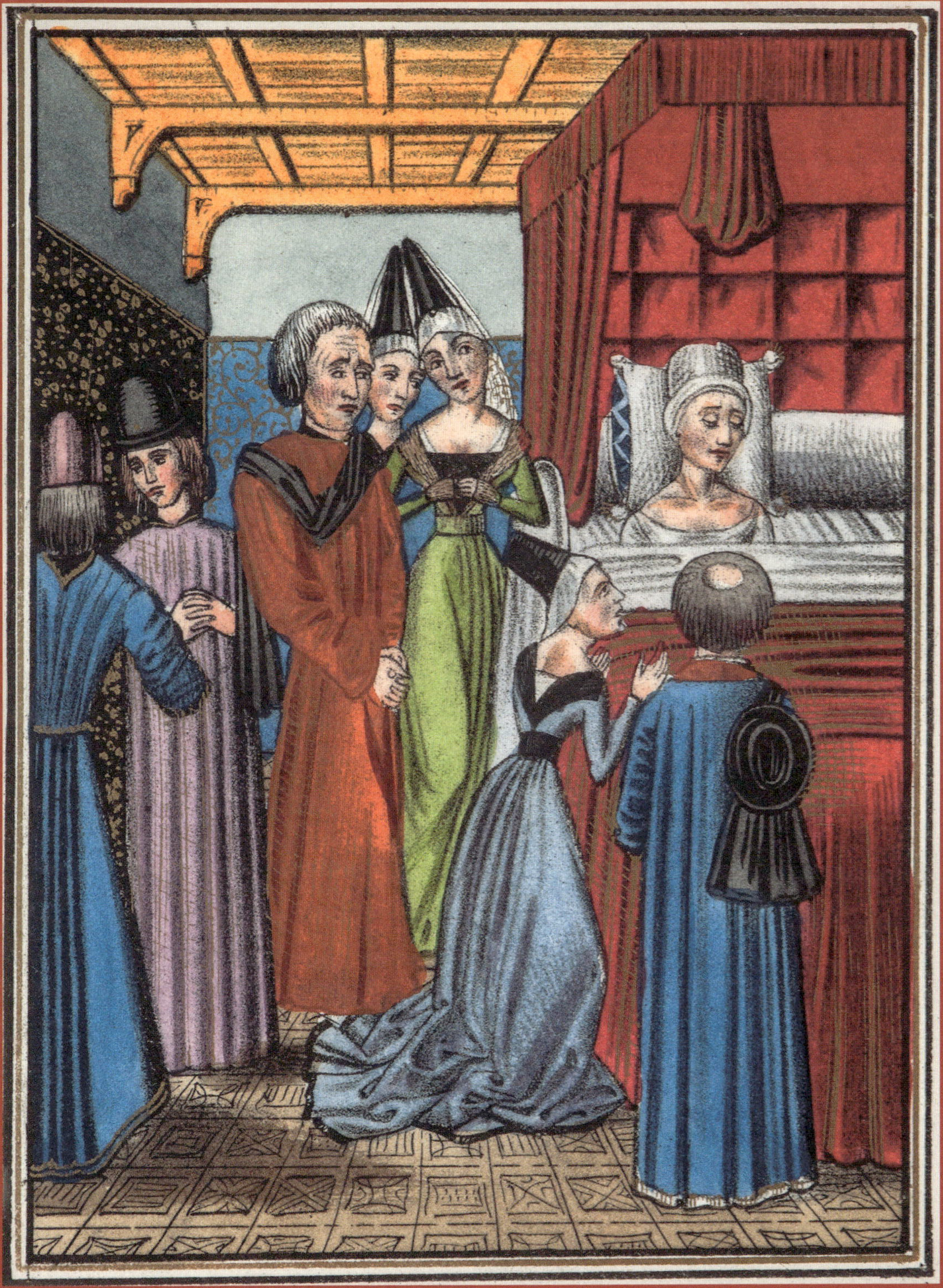

上图 理查二世的白鹿标志成了邪恶的象征，他的私人军队把它作为徽章佩戴。

现在安妮去世了，理查二世悲痛欲绝，正如他在葬礼上所表现的那样。当时，阿伦德尔（Arundel）伯爵迟到了，理查二世竟朝他脸上狠狠打了一拳，打得他满嘴是血。由于血液溅到了神圣的地面，不得不暂停葬礼进行净化仪式。阿伦德尔还因迟到被关在伦敦塔里一个星期。与此同时，理查二世下令拆毁希恩宫（Palace of Sheen），尽管这座宫殿最近才完工。

虽然出现了一些不稳定的早期迹象，但理查二世似乎在接下来的几年里坐稳了王位：1394 年，他率军成功入侵了爱尔兰，并在 1396 年与法兰西签署了和平条约，甚至与法王查理六世七岁的女儿结婚以巩固这一条约。然而，在理查二世日益冷漠的外表下，其满腔的怒火正在沸腾。

1397 年，在毫无预兆的情况下，理查二世开始了长达两年的恐怖统治，似乎是为了发泄他从小积累的所有怨恨和不满。理查二世彼时刚满三十岁，而他体内的暴虐气质就显现出来了。

理查二世复仇名单上的第一个"上诉诸侯"是沃里克伯爵。国王邀请他赴宴，事后下令逮捕了他。接下来，理查二世带着一群佩戴白鹿徽章的随从来到了艾塞克斯郡的普莱西（Pleshey）城堡，那里是格洛斯特公爵伍德斯托克的托马斯的宅邸。伍德斯托克是理查二世的叔叔，理查二世在深夜时分亲自唤醒了他，然后将他关进了监牢。得知沃里克伯爵和格洛斯特公爵的消息后，阿伦德尔伯爵直接就向理查二世投降了。理查二世宣称，这三位贵族被指控犯有叛国罪。不过，格洛斯特公爵没有出庭受审，因为他在囚禁期间离奇地死亡了。

格洛斯特公爵之死

格洛斯特公爵被捕后被囚禁在加来的一座城堡里。他在此绞尽脑汁地思考自己的处境。看守格洛斯特公爵的狱卒告诉了他答案,中世纪编年史作者让·傅华萨在《编年史》中记载了以下一段话:

"眼下国王陛下对您有点不高兴,他希望您留在这里,和我们一起待一段时间。您必须这样做,直到我收到进一步的指示,我希望很快就会收到。"

……据我所知,就在加来的那座城堡里,当时他准备吃晚饭,正要去洗手的时候,有四名士兵冲进房间,用毛巾勒住他的脖子,使劲往两端拉,他便摇摇晃晃地倒在了地上。士兵们将他勒死之后,合上了他的眼睛,把已经死去的他抬到床上,扒光了他的衣服。接着再把他移到床单中间,在他的头下垫了一个枕头,并给他盖上了毛皮斗篷。他们离开房间后,回到大厅,组织好他们的说辞,然后这样说道:"公爵在洗手时突发中风,我们好不容易才将他抬到床上。"这个说法在城堡和镇上都传开了。有些人相信,但有些人则不以为然。

左图 格洛斯特公爵被抓获、逮捕,并被押往加来。

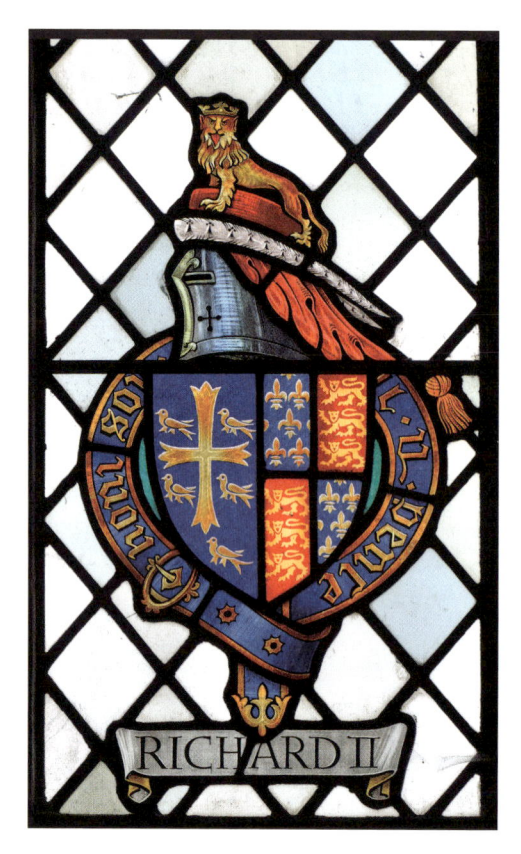

上图 理查二世的纹章展示在牛津郡奥特莫尔河畔的查尔顿圣玛丽教堂的彩色玻璃板上。

"上诉诸侯"已经全部受到了惩罚，只剩下亨利·博林布鲁克一人还未受罚。国王的堂弟并不比国王的叔叔更安全，博林布鲁克可能将面临流放甚至死亡的命运，于是他只好宣誓效忠，向国王鞠躬致敬。这是一个明智的选择。理查二世悄悄地将沃里克伯爵流放，并将阿伦德尔伯爵斩首。对主要"上诉诸侯"的复仇已经完成了，然而一场混乱随之将至。

暴虐的国王

理查二世也许觉得自己通过消灭"上诉诸侯"重新夺回了控制权，但"就在这个时候，由于国王的鲁莽、狡诈和傲慢，整个王国出乎意料地突然陷入了混乱"，编年史作者托马斯·沃尔辛厄姆在记述中称。

为了使王国安定下来，1397年9月17日，理查二世召开了议会。当理查二世和他的武装卫队鱼贯入场时，挤在大厅里的人充满了期待。他的私人护卫队由三百名弓箭手组成，他们都佩戴着白鹿徽章，散布在大厅周围，还有一队随从士兵则包围了会场。这清楚地表明了理查二世的意图，在他统治的剩余时间里，他将以暴君的姿态进行统治，掌握绝对的权力。

理查二世安静地坐在高高的宝座上，观察着房间里的一切，新任大法官埃克塞特的斯塔福德（Stafford of Exeter）主教向议会宣读了国王的声明："有一王做他们众民的王。要治理好王国，必须具备三点：第一，国王应拥有足够的权力来统治；第二，他的法律应得到充分执行；第三，他的臣民应完全服从命令。"

"因此,"主教继续说道,"如若国王拥有足够的权力来统治,则必须完全掌握'他的王权、特权和其他权益',他的臣民有责任禀报任何会危及这些权力和权利的事或人。"理查二世为表达自己对国家的热爱之情,他将赦免所有伤害过他的人,"除了国王指定的五十人"。恐惧和阴森的氛围笼罩着大厅——名单上都有谁呢? 然而,没有一个名字会被公开。

　　不过,理查二世邀请了对他有负罪感的人来寻求他的赦免,这意味着他们已经知道自己是五十人之列的人了。理查二世的诡计让贵族们一直处于恐惧和屈服的状态。在接下来的一年里,有数百人走到理查二世跟前请求宽恕。这些人都受到了严厉的惩罚,但理查二世没有透露这些人是否在他的五十人名单上。

下图 这幅作于19世纪的版画描绘了在莎士比亚戏剧《理查二世》第一幕第一场中,国王在亨利·博林布鲁克和冈特的约翰之间进行仲裁。

理查二世以这种方式自由地惩罚那些与他作对的人。他没收叛贼的土地，给贵族戴上镣铐，未经议会批准就制定新的法律。他从被指控支持"上诉诸侯"的各郡处敲诈了大笔钱财，并向教会征收高额的税款。理查二世还强迫许多贵族在一张空白的羊皮纸上盖章，然后他可以在上面填写他想要的任何东西，比如退位信、金钱赠予协议或叛国意图声明。

在所有这些行动中，理查二世感觉到上帝的指引之手在帮助他。1397年底，他在给荷兰伯爵的信中写道，叛贼的后代也必须受到对叛贼所犯罪行的惩罚："由于他们的罪行令人发指，因此必须对他们人身施以更严厉的惩罚；还可以将予以他们的惩罚延续到他们的继承人身上，使其不能爬到荣誉的巅峰，也永远无法达到任何显职或特权的顶端，如此一来他们便会永远蒙受着羞辱。"

这一准则导致理查二世与他本应避开的人——亨利·博林布鲁克发生了直接冲突。自从博林布鲁克向理查二世宣誓效忠以来，他便尽其所能地避免激怒国王，他的拥护也为自己赢得了一个新头衔——赫里福德（Hereford）公爵，这是英格兰贵族的最高爵位。另一位得到国王喜爱的贵族是诺福克公爵托马斯·莫布雷（Thomas Mowbray）。

和博林布鲁克一样，莫布雷也曾是"上诉诸侯"的支持者。就像所有曾经反叛过国王的贵族一样，莫布雷现在一直生活在恐惧之中，他害怕遭到突如其来的残酷报复。他与博林布鲁克进行了一次秘密会面（这本身就是一个危险的主意），并告诉博林布鲁克，他发现了理查二世要谋杀他们性命的阴谋。莫布雷说道，理查二世的赦免是一纸空文，他计划在最合适的时机杀死他们两人，然后占领他们的土地。

这次会面使博林布鲁克面临两难的境地。一方面，莫布雷所说的一切很可能都是真的，那么他其实应该感谢莫布雷的提醒；另一方面，这也可能是理查二世为考验他的忠诚度而设下的陷阱，如果他不向国王禀报与莫布雷的这次谈话，他就犯下了叛国罪。

博林布鲁克再一次做了他认为最有利于自己生存的事情——他告发了莫布雷。理查二世迅速将莫布雷逮捕入狱，然而莫布雷断然否认对他的指控，坚称从未与博林布鲁克进行过交谈。两位公爵各执一词，且没有证人可以否认或证实这两人的说法。

随后，两位公爵被召到议会发表各自的看法，然而两人的态度都很坚决，问题没有解决。于是理查二世诉诸了自亨利二世统治初期就已废止的司法程序——决斗审判。这意味着莫布雷和博林布鲁克将展开一场生死决斗，届时上帝将把力量赋予那个无辜之人。

最后，理查二世叫停了决斗审判，莫布雷和博林布鲁克双双流亡法兰西。但莫布雷不久之后就死于瘟疫了。在博林布鲁克前往港口的途中，一群随从沿着伦敦的街道列队向他告别。不过，他回来的时间比任何人预期的都要早。

1399年2月3日，兰开斯特公爵冈特的约翰去世。作为英格兰最有权势的人，冈特的约翰拥有三十多座城堡和北方的大片领地。他同时也是亨利·博林布鲁克的父亲，因此他给这位流亡的公爵留下了一笔丰厚的遗产。

上图 理查二世传召博林布鲁克和莫布雷进行决斗审判。

英格兰各地的贵族及其随从都赶来观看这场被称作当时最伟大的决斗。

决斗审判

1398年9月16日,托马斯·莫布雷和亨利·博林布鲁克在考文垂进行决斗审判。全城欢呼雀跃,英格兰各地的贵族及其随从都赶来观看这场被称作当时最伟大的决斗。人群中有些人把这个壮观的场面比作骑士比武大会,另一些人则急切地想观看国王的最新一出暴政大戏。两位公爵上场决斗之前,人群中弥漫着紧张而期待的气氛。

上午9时,亨利·博林布鲁克骑白色战马抵达决斗场,这匹马的马鞍上装饰着蓝绿相间的天鹅绒。他宣称:"我是赫里福德公爵亨利,在此以武力对抗诺福克公爵托马斯·莫布雷,这个背叛上帝和国王的虚伪叛贼。"他喝了些酒,然后走进营帐去检查自己的武器了。

莫布雷随后也骑马赶到了,他的骏马披挂装饰着红色天鹅绒,上面绣着银色的狮子。他和博林布鲁克一样发出了同样的挑战,然后骑到自己的营帐处。最后,理查二世声势浩大地驾到了,和往常一样,随行的还有他的王室卫队(三百名弓箭手)。理查二世站在自己的帐门前,莫布雷和博林布鲁克则各自上马,手持长矛准备战斗。此时人群安静了下来,等待着理查二世发出开战的信号。

理查二世并没有发出信号,而是叫停了决斗,然后回到了自己的帐幕里,两位公爵也各自退了回去。两个钟头后,下议院议长从理查二世的帐幕中走出来,向众人宣布,国王决定不再进行决斗审判,而是将两人都驱逐出境,博林布鲁克流放十年,莫布雷则终身流放。这个判决对博林布鲁克和理查二世都产生了严重的影响。最终,群众都带着失望的心情回家了。

上图 托马斯·莫布雷和亨利·博林布鲁克的决斗在开始前被叫停了。

然而博林布鲁克当时在法兰西，按照法律规定，他在九年内都不能返回英格兰，而理查二世也在那时剥夺了他的继承权，因此他无法继承遗产。理查二世没收了冈特的约翰的所有财产，并判处博林布鲁克终身流放。此时一切都明朗了：决斗和放逐只不过是理查达到目的的手段，他除掉了最后一个"上诉诸侯"，还利用兰开斯特的领地牟取了不少钱财。不过，他还向不列颠的每一个土地所有者发出了明确的信号：你们的土地不再受法律保护，本王可以随时攫取。理查二世此举是一个严重的错误，接下来他还犯了一个更具毁灭性的错误。当他前往爱尔兰平定叛乱时，却让英格兰处于无军驻守、易受入侵的境地。随着理查二世的离开，在法兰西等待多时的博林布鲁克——理查二世的新死敌在此时突然发难。

博林布鲁克带领一支兵力少得可怜的军队——仅有大约二百人前往英格兰。不过历史曾垂青过类似的尝试。1326年，罗杰·莫蒂默和伊莎贝拉前往英格兰去推翻爱德华二世时，他们的兵力只有一千五百人左右。但当这对情人登陆后，心怀不满的贵族蜂拥着加入他们。博林布鲁克也遇到了这样的情况。一些编年史家估计，随后有十万英格兰士兵加入了博林布鲁克的队伍，这显示了他们对理查二世的仇恨。国王的代理人约克公爵埃德蒙·兰利（Edmund Langley，博林布鲁克和理查二世的叔叔）召集的王室军队也倒戈转向了博林布鲁克。

得知此消息后，理查二世勃然大怒，发誓要活剥了博林布鲁克的皮。博林布鲁克于7月登陆威尔士时，他实际上已成为英格兰的新任统治者。理查二世把自己乔装成一名修士，带着剩余的王室护卫赶往康威城堡，此时许多雇佣兵也抛弃了他。理查二世的处境变得越来越糟糕，据说他经常泪流满面。一旦有贵族进入康威的要塞，理查二世就向仍然愿意前来见他的贵族求援，

> 一些编年史家估计，有十万英格兰士兵加入了博林布鲁克的队伍，这显示了他们对理查二世的仇恨。

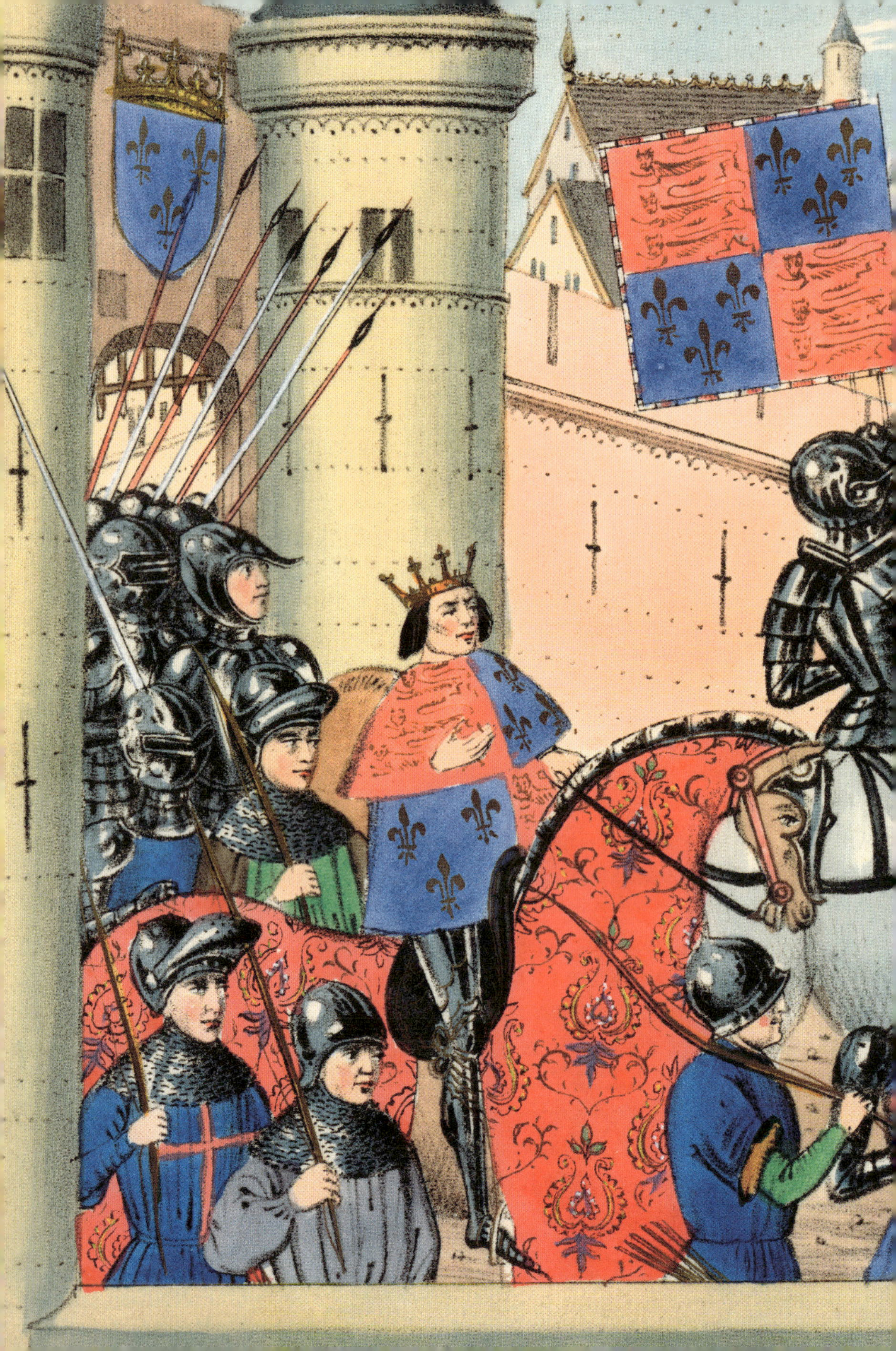

然而没有人援助他。理查二世的命运现在掌握在博林布鲁克手中。

在诺森伯兰（Northumberland）伯爵的斡旋下，理查二世和博林布鲁克在威尔士东北部的弗林特（Flint）城堡进行了会面。当时诺森伯兰哄劝理查二世离开康威，和他一起前去弗林特城堡，坚称这次会面只是谈判商定合法归还博林布鲁克的领地。然而，当两人骑到可以俯瞰城堡的山上时，理查二世看到博林布鲁克的大军，吓得脸色煞白。他要求返回康威，但诺森伯兰不知怎么说服了他，于是他们就继续前进了。据传闻，理查二世当时说道："现在我可以看到自己的末日即将来临。"

理查二世在弗林特城堡吃了最后一餐，博林布鲁克在外面等着他。博林布鲁克的手下对理查二世的随从说："尽情享用吧，尽情欢呼吧，以圣乔治之名起誓，你们的脑袋很快就会落地。"不过博林布鲁克依然谦恭有礼，在理查二世走近他时仍向其鞠躬致敬。

"陛下，"博林布鲁克说道，"我在您召我回国之前就已经回来了，我会告诉您原因。我是来帮您治理英格兰王国的，在您执政的这二十二年里，您一直没有把国家治理好。因此，在征得平民的同意后，我将辅佐您治理王国。"

理查二世只是简单地回道："亲爱的堂弟，如果你乐意这么做，那么我也很高兴。"随后，理查二世成为博林布鲁克的俘虏，被押回伦敦，囚禁在伦敦塔里。理查二世一定在此回忆起了他痛苦的少年时期，那时十四岁的他和博林布鲁克焦急地俯视着伦敦全城，目睹了起义军洗劫的场景。如今，反叛者变成了博林布鲁克，理查二世的命运也面临前所未有的危险。

两周后，博林布鲁克带领一个小型委员会去伦敦塔拜访了理查二世。他们解释说，此行的目的是让理查二世履行他在弗林特城堡做出的退位承诺。据官方文献记载，理查二世表示同意。但另一份文献的目击证词则描述了理查二世截然不同的反应：

对页图　理查二世出发远征爱尔兰，这是一场时机不当的入侵。

上图 亨利·博林布鲁克和理查二世这对堂兄弟在威尔士的弗林特城堡会面。

国王听到这番言论,气得几乎说不出话来,在房间里踱了二十三步,一言不发。不久他脱口而出:"这二十二年来,你们一直认我是你们的国王,却怎敢如此残酷地对待我?我说,你们待我就像奸诈之徒,就像卖主的叛贼。我会证实我的说法,我要与你们当中最优秀的四个人决斗,这是我的誓言。"

——《英格兰国王理查二世遭背叛及遇害编年史》

金雀花家族的国王绝不会默默放弃自己的统治权,但现在决定权已经不在他手中了。1399 年 9 月 30 日,诸侯在威

斯敏斯特教堂召开了一场议会，商讨是否应将亨利·博林布鲁克封为英格兰国王。据说"好啊！好啊！"的呼声都快把屋顶掀翻了，这就是博林布鲁克得到的支持。

博林布鲁克于 1399 年 10 月 1 日加冕。作为金雀花王朝幼支兰开斯特家族的第一位国王，他是以爱德华三世后裔之名继承王位的。博林布鲁克，也就是现在的亨利四世体内流淌着金雀花家族的血液，而他的王位继承开创了一个危险的先例。

因为不管理查二世做了什么事，他仍然是上帝指定的统治者，他生来就是国王。但博林布鲁克发动政变夺取王位，

上图　作为亨利·博林布鲁克的俘虏，理查二世骑马回到伦敦。他被关押在伦敦塔里，农民起义期间两人曾在此避难。

对页图 1400年，理查二世逝世后，他的遗体被运往全国各地示众。

下图 1399年，诸侯召开议会废黜国王理查二世，并立亨利·博林布鲁克为国王。

破坏了王权的神圣规则；这样一来，金雀花家族的其他后代也会效仿。从此，金雀花家族四分五裂，无法复原：家族内部为了争夺统治权开始互相攻击，后来长达数十年的权力之争——玫瑰战争以金雀花王朝的覆灭而告终。

理查二世是金雀花王朝的第八任国王，也是最后一位合法加冕的国王。亨利四世命人将其乔装打扮，转移到各座城堡的地牢，最后移到约克郡的庞蒂弗拉克特（Pontefract）城堡。他被单独关押在一间牢房里，没有食物和水，他很快就渴死了。随后他的遗体被穿上了丧袍，运往全国各地示众。据说，现国王这样做是为了让臣民能够哀悼已故国王，而其他人则猜测，这是为了让每个子民都确信理查二世真的已经死了。

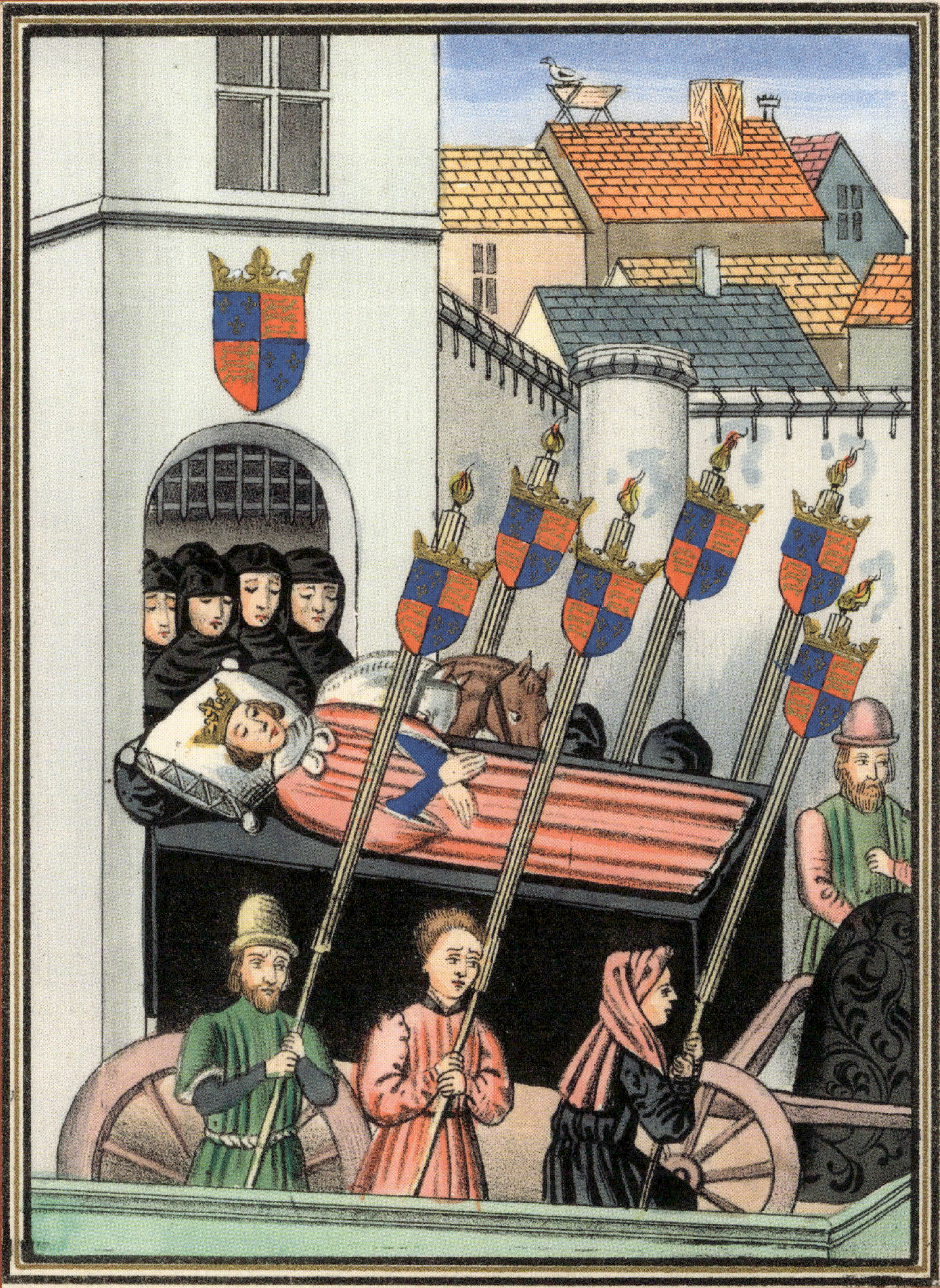

Henry IV & Henry V

第七章

亨利四世
和亨利五世

178　金雀花王朝

Il se rendit du ler comment par vnq xxi dedy francoys assirent de les logne et furent troie bataille de leur gene. En la pmier re furent me huit cene ba dinietz quattre mille archie et quinze cene arbalestrier

Et de ceste auant garde fu rent chiefz le connestable les ducs dorleans et de bour bon les contes du et de ri chemont et plusieurs aul tres bons capitaines le cote de Vendosme et autres offi ciers du roy furent ordonnes a faire vne elle atoit vingte cene hommes darmes pour

THE
PLANTAGENETS

世人永远不会忘记亨利四世篡夺王位的行为。他在统治期间一直试图获得合法的地位，与此同时又不断受到各种阴谋叛乱、外敌入侵的威胁。直到他的儿子、战士国王亨利五世即位才得以重拾金雀花王朝的荣誉。

理查二世是一个令人憎恨的国王，但他是根据金雀花王朝的继承制度合法地继承王位的。他还在上帝的注视下被涂上圣油，成为英格兰的君主。亨利四世最大的任务就是向他的臣民证明他也拥有合法的统治权。亨利四世为了表明他的王权具有神圣性，选择在圣爱德华日加冕，并涂上了曾属于前坎特伯雷大主教托马斯·贝克特的圣油。

据说这瓶圣油的主人原是圣母玛利亚。相传玛利亚出现在贝克特面前，交给他这瓶圣油，并告之第一个用此油受膏的国王将成为教会的卫士，收复金雀花王国失去的所有法兰西领土。对亨利四世而言，不幸的是这瓶圣油的作用并不是有益的。亨利四世在接受涂油礼之后，头上长满了虱子以致头发都掉光了，他不得不戴上帽子等待头发长出来。

这是一个不祥的预兆，如果没有得到神圣的援助，就总是会发生暴力事件。在亨利四世的加冕宴会上，一名自称"国王的捍卫者"的骑士——托马斯·迪莫克（Thomas Dymock）提出了这个观点。当客人们正在享用苍鹭、老鹰、麻鸦、杓鹬、仙鹤、鹌鹑、白鹭、沙锥、鹧鸪、田凫、小雏鸡和其他小鸟时，迪莫克一跃而起拔出剑，发表了如下声明："如果这里有任何人，无论高低贵贱，无论什么地位，谁要是敢说今天已加冕、现在已经是英格兰国王的亨利，不是合法的国王，

对页图 亨利五世在阿金库尔（Agincourt）战役中战胜了法兰西人。

右图 相传圣母玛利亚出现在坎特伯雷大主教托马斯·贝克特面前,她的手里拿着一瓶圣油。

不是正当地加冕,那么就尽快或者请我们的国王陛下指定一个日期,到时我会用自己的身躯证明他的错误之言。"

虽然当时没有人接下迪莫克的挑战,但很多人认为亨利四世是个篡位者,甚至相信理查二世仍然活着,且一直在东躲西藏。1400年,一群忠于理查二世的大臣在温莎发动了反抗亨利四世的叛乱,但很快就被镇压下来了。为了警示所有质疑其王权的人,亨利四世判处了其中一名叛乱者托马

斯·布朗特（Thomas Blount），并在伦敦的史密斯菲尔德进行公开处决。在刑场上，布朗特被放在火堆前的一张凳子上，捆绑着双手。根据当时的记述，刽子手很快到达刑场，请求布朗特原谅他不得不履行职责。这段记载继续写道：

> 随后，刽子手问托马斯爵士是否想喝酒。"不用了，"他答道，"感谢上帝！你已经从放酒的地方把酒拿走了。"然后他请求刽子手将他从这个世界解救出来，因为看到这些叛贼他就很痛苦。刽子手在托马斯爵士面前跪了下来，爵士亲吻了他，而后刽子手砍掉了爵士的头颅……
> ——《英格兰国王理查二世遭背叛及遇害编年史》

上图 一幅作于 15 世纪描绘亨利四世与其妻儿的家庭画像。

对页图 反叛的威尔士领袖欧文·格林杜尔率军对抗亨利四世。

反抗亨利四世的叛乱不仅仅来自国内：亨利四世继位后，苏格兰和威尔士都开始向英格兰发动袭击。在英吉利海峡，英格兰与法兰西的海战也在持续进行。为了对付苏格兰人，亨利四世向他的主要顾问诺森伯兰伯爵亨利·珀西（Henry Percy）寻求帮助。但过了一段时间后，亨利四世停止了对珀西维护边境安全的财政支持。

亨利·珀西和他的同名儿子，也就是众所周知的"性急者"，不久后前往伦敦，与亨利四世就资金问题进行了对峙。这场会面结局很糟糕，当时国王朝"性急者"脸上打了一拳。随之而来的是珀西家族对这一暴力行为的报复。亨利·珀西和"性急者"分别组建了两支军队来对抗国王，然后又征召了另一支军队，率领者是威尔士领袖欧文·格林杜尔（Owain Glyndwr）。他从亨利四世加冕之时就领导民众发动了起义，占领了之前由英格兰控制的大片威尔士土地。为了奖励自己，格林杜尔还开始自封为威尔士亲王，这个头衔在法律上属于亨利四世的儿子——蒙茅斯的亨利（Henry of Monmouth）。

1403年，"性急者"在切斯特（Chester）集结军队，宣布要将亨利四世赶下台，代之以他坚称还活着的理查二世。格林杜尔带领一支军队在威尔士等待"性急者"的信号，亨利·珀西则率军在诺森伯兰等候消息。国王在前往什鲁斯伯里附近的贝里克迎战"性急者"之前，为了谨慎起见，他让两名随从穿上他的盔甲，希望以此降低自己被暗杀的可能性。

亨利四世以最快速度策马讨伐"性急者"，赢得了主动权：在格林杜尔或亨利·珀西增援对方的军队之前，他就与"性急者"交战了。然而，"性急者"占据了优势位置，一千多名弓箭手在战场上方的高脊上列队排开。战斗在日落前两小时开始了，"性急者"的弓箭手以残酷迅疾而闻名，他们射出的箭羽"如此迅速而密集，在旁人看来就像一片厚厚的云"。长弓手在贝里克证明了他们有当时所有军队中最厉害的武器：他们每分钟可以发射约十支箭，还随身携带着两个箭囊，每

个箭囊约装有四十八支箭。这就意味着"性急者"的弓箭手每分钟可以向亨利四世的士兵射出约一万支箭。结果是战场上死亡惨重，一片混乱，据说国王的士兵当时"就像秋风中的苹果一样簌簌落地"。

右图 在什鲁斯伯里战役中，道格拉斯伯爵和"性急者"一起冲锋陷阵。

亨利四世的军队开始狼狈撤退，这时"性急者"发动了新一轮进攻。带领这次进攻的是"性急者"本人和大约一百名骑士，他命令骑士们"在敌军中间杀出一条血路"，直接朝亨利四世发起进攻。这场冲锋的攻击方一度看起来将赢得胜利，尤其是当王室旗帜被他们缴获之时。

在战场中心的混战中，有士兵高喊亨利四世被杀时，场上一片混乱。然而，大家很快就发现死者是亨利四世的一个替身，不是他本人。正在与"性急者"一起作战的道格拉斯伯爵喊道："我不是亲手杀死了两个亨利国王吗？对我们来说，假如第三个国王还活着，并且成为胜利者，这将是非常不幸的事情。"

真正的亨利四世已经被带离了战场，此时其军队凭借人数优势，将"性急者"的骑士包围了起来。当一支箭矢射穿"性急者"敞开的头盔面罩时，叛军就大势已去。在王军的围攻下，"性急者"的两千多名士兵与他同归于尽。据说当时漫山遍野都是尸体,无法看清那片土地。威格莫尔编年史家称这是"一场可悲的、惨绝人寰的战争,父子互相厮杀,家人自相残杀,邻居兵戎相见"。那些尸体被堆到了一个万人坑里。

亨利四世平息了这场叛乱,但这只是未来众多叛乱的其中之一。而不太可能反叛的群体——教会,发动了下一场叛乱。1405年,约克大主教理查·斯科罗普(Richard Scrope)因不满亨利四世对教会征收新税,于是公开发表了一份针对国王的诉状。随后他还组建了一支军队来反抗国王,但被轻而易举地镇压下来了。亨利四世下令处死斯科罗普后,却给自己带来了沉重的负担。

这次处决让亨利四世想起了托马斯·贝克特之死,他内疚万分,并开始做有关暴力的噩梦,身体每况愈下。

下图 在什鲁斯伯里战役中,"性急者"被一箭射穿面罩后倒地而亡。

疾病与终结

斯科罗普被处决的那晚,亨利四世开始做噩梦,这些噩梦间接致使他患上了"神秘疾病",一直折磨着他的余生。他的症状包括皮肤有灼烧感,随后出现了毁容的情况。据推测,亨利四世患的可能是麻风病、梅毒或某种类型的牛皮癣,但没有人能确定是哪一种病。

不管亨利四世患了什么病,他的身体已经非常虚弱了,而此时他却听到传言说,他的儿子蒙茅斯的亨利正计划推

右图 约克大主教理查·斯科罗普在反抗亨利四世的叛乱失败后被处决。

翻他。众所周知,蒙茅斯的亨利是英格兰最优秀的骑士之一,在国王战胜"性急者"的战役中,他发挥了主要的作用。1406年,蒙茅斯的亨利加入国王的委员会,成为宫廷中广受欢迎的人物。随着亨利四世开始退出公众视野,蒙茅斯的亨利似乎掌控了大局。

亨利四世怀疑他的儿子策划了阴谋,便在威斯敏斯特教堂大厅与他对质。蒙茅斯的亨利手里拿着匕首,单膝向父亲跪下,说如果他想的话就请他杀了自己,因为"我对自己的生活并不满意,我也不想活着让你不高兴"。

下图 在亨利四世临终前的最后时刻,父子俩重归于好。

无论这一幕是否经过美化,在1413年3月20日国王去世之前,这对父子还是达成了和解。鉴于亨利四世严重的病情和遗嘱的内容,很难让人相信他是安详地离开人世的。在关于他的最后一份记录中,他把自己描述为"一个有罪的可怜虫","虚度"了一生。他的遗体被安葬于坎特伯雷大教堂,至今仍安放在那里。

对页图 亨利五世国王的画像。在什鲁斯伯里战役中被箭射伤后，亨利五世坚持只以侧面示人。

亨利五世

亨利四世篡位和弑君的影响笼罩着他的整个统治时期。英格兰国内外的很多人从未停止过对亨利四世王权合法性的质疑。他的继承人亨利五世决心挽回兰开斯特王室的声誉。在1413年加冕结束后，亨利五世便决定通过打场胜仗来证明自己的统治权。

在许多人看来，亨利五世与金雀花王朝先前著名的战士国王们非常相似，就像是一个模子里刻出来的。亨利五世身材高大瘦削，留着一头黑色的短发，他二十六岁时就已是一名出色的骑士了。亨利五世曾和父亲一同在贝里克与"性急者"的叛军作战，险些在战场上丧命。当时亨利五世被一支箭矢射中下眼睑，箭头深深地扎进他的脸颊，以致贯穿了后脑勺。伤口较深，必须用特制的钳子才能将箭头拔出来。这个导致毁容的伤口花了两个月才愈合。后来，画像中的亨利五世都只以侧面示人。

战争是亨利五世生活的动力，同时他也是一个虔诚的人，据说他在新婚之夜前一直保持着独身。

亨利五世还表示他愿意严惩那些被教会视为异端的人，即使他们是自己的同伴。有一个事例涉及一位名叫约翰·奥尔德卡斯尔（John Oldcastle）的骑士，他是亨利五世的儿时好友，两人曾在威尔士并肩作战过。奥尔德卡斯尔还是罗拉德派的信徒，这是前宗教改革时代的基督新教派，由牛津大学神学院的教授约翰·威克里夫（John Wyclif）创立。

威克里夫已于1384年去世，但他的追随者仍被教会视为"眼中钉"。如今罗拉德派再次受到欢迎，在一定程度上是由于奥尔德卡斯尔的带领。教会希望新国王能消灭这群异教徒。

1413年，伦敦一所教堂的大门上钉上了一份公告，号召罗拉德派所有的教徒奋起反抗对他们的持续镇压。随后王室对此展开调查，所得证据直接指向了奥尔德卡斯尔窝藏的一群罗拉德派教徒。在奥尔德卡斯尔的私人物品中，调查人员发现了具有煽动性的罗拉德派文学作品，奥尔德卡斯尔因此

在许多人看来，亨利五世与金雀花王朝先前著名的战士国王们非常相似，就像是一个模子里刻出来的。

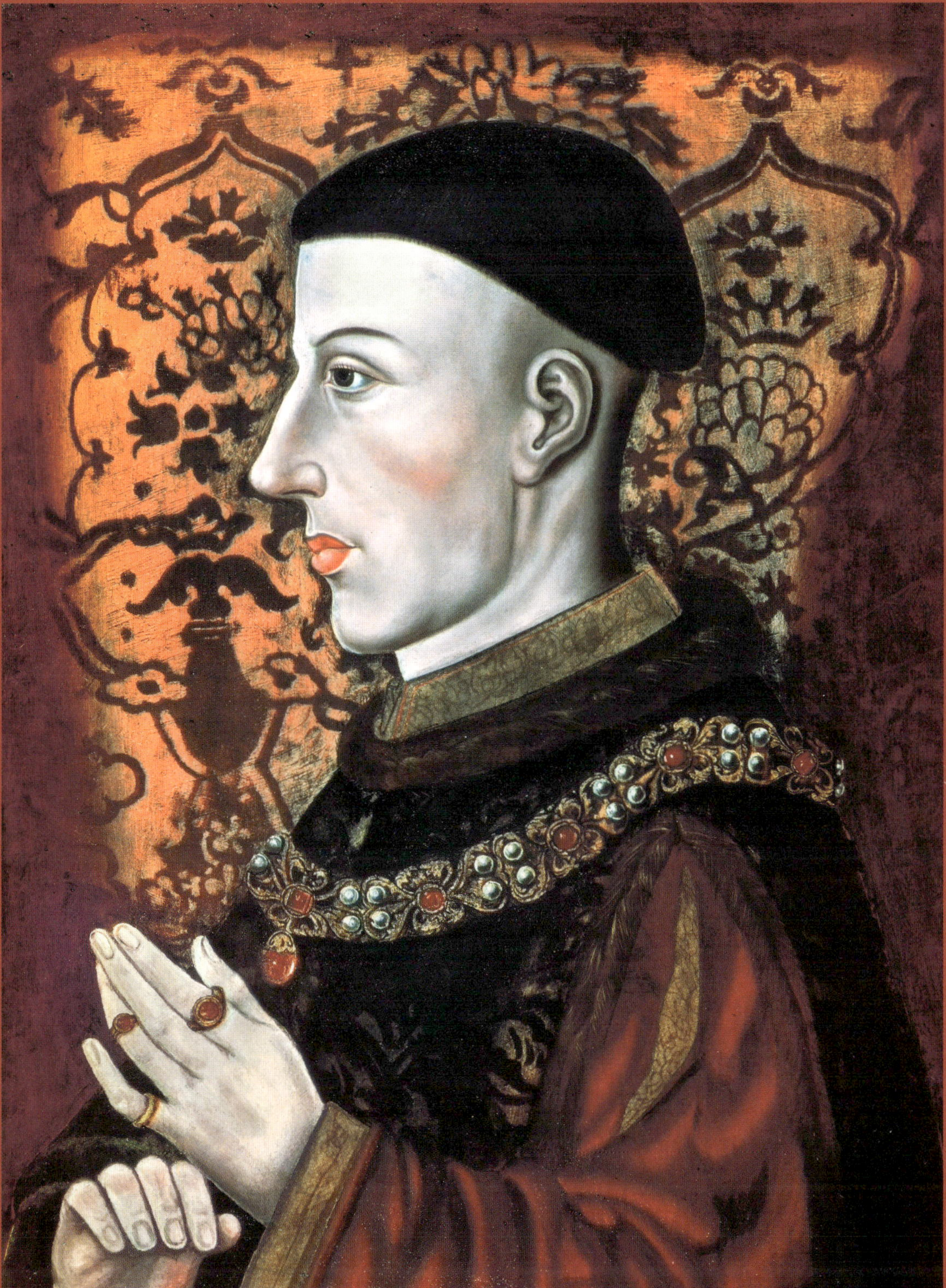

上图 罗拉德派领袖约翰·奥尔德卡斯尔被烧死在绞刑架上。

被捕。但是，就像许多被关押在伦敦塔里的人一样，奥尔德卡斯尔也从中逃脱了。他开始组建一支罗拉德派军队，准备谋杀亨利五世。

结果，这场谋杀的策划和实施都非常糟糕。在夜幕的掩护下，一支小规模的罗拉德派军队在伦敦的圣吉尔斯广场集结。亨利五世的士兵得到情报后，很快拦截、抓获了他们并驱散了剩余的人。被捕的人中有八十人被判处异端罪，行刑者将他们从纽盖特（Newgate）监狱中拖了出来，在通往伦敦城外的路上绞死了他们。

奥尔德卡斯尔直到1417年才被抓获。他被带到圣吉尔斯广场，吊在绞刑架上被活活烧死了。

当时，"约翰·奥尔德卡斯尔"是莎士比亚最初用来称呼其戏中角色福斯塔夫（Falstaff）的名字。福斯塔夫是一个虚荣且腐朽的骑士，这个角色主要出现在《亨利四世》戏剧的第一部分和第二部分，他是哈尔王子（Prince Hal，未来的亨利五世）的酒伴。然而，奥尔德卡斯尔的后裔科巴姆（Cobham）勋爵要求莎士比亚更改该名字，他认为自己亲属的形象在剧中未能得到很好的体现。

与此同时，亨利五世已证明他既能镇压地方叛乱，又能维护教会的利益。他现在把注意力转向了长期以来金雀花王朝历代国王迷恋的地方——法兰西。

金雀花王朝的国王最初来自法兰西的安茹伯国，从1340年开始，由于爱德华三世宣称拥有法兰西王位继承权，后来的国王便认为自己拥有对法兰西的合法权益。亨利五世传话说，他准备行使曾祖父的权利，并筹集了大笔资金来组建军队。值得一提的是，亨利五世的其中一位资助人是伦敦富商狄克·惠廷顿（Dick Whittington），根据他的同名民间故事记载，他把捕鼠猫租给一个鼠害肆虐的远方王国后，便开始发家致富，目前尚不清楚真正的惠廷顿是否饲养过猫。

下图 亨利五世在一次议会上接见教会代表。

战役与王国

1415年8月14日，亨利五世率军在法兰西海岸的哈弗勒尔（Harfleur）附近登陆。这样一来，亨利五世重新挑起了现在被称为百年战争的战火。1396年理查二世签署和平条约后，两国已经停止了敌对行动。然而，亨利五世体内流淌的金雀花家族血液来自安茹，现在亨利五世回来了，他要夺回他与生俱来的权利。

右图　亨利五世在法兰西哈弗勒尔围城时指挥部下。

　　亨利五世的军队由大约六千名步兵和两千名弓箭手组成，他率军直接向哈弗勒尔进发，围攻了该镇。这场战争持续不到一个月，就以哈弗勒尔的投降而告终了。因为大多数居民只要向亨利五世宣誓效忠，他们就可以留在当地。亨利五世在哈弗勒尔留下了一支小规模英格兰驻军，因为他的目标不仅仅是占领一个城镇，而是要夺取整个国家。

　　亨利五世下一个进攻目标是加来，他希望到那里补充物资，让士兵们停下来休息。但围攻军队在潮湿的沼泽地上扎营太久，许多士兵因此而发烧。痢疾也在英军队伍中肆虐，士兵们普遍营养不良，因为他们根本没有足够的食物。数百名士兵因病死亡，许多士兵病得很严重以致无法行走。虽然这时亨利五世的队伍得到了英格兰的增援，但他被削弱的军队仍然只有八千名士兵。前往加来的艰苦行军现在开始了。

演说家亨利五世

对亨利五世而言，英军在阿金库尔战役中取胜的可能性微乎其微，他的处于劣势的兵力疲惫不堪，饥肠辘辘，同时还病痛缠身。从来没有哪支军队如此需要一位鼓舞人心的领袖。幸运的是，这恰好是亨利五世所擅长的事情。据说，当他面对神圣的目标之时，他拥有非凡的勇气、超群的精力和坚定的信念。在这一点上，他与英格兰前国王亨利二世非常相像，两人都是精力充沛、无法静坐之人。亨利五世在看到法军压倒性的优势后，开始展现自己的演说才能。沃尔特·亨格福德（Walter Hungerford）骑士高声表示，他们希望能多派一万名英格兰弓箭手。然而根据佚名文献《亨利五世事迹》（Gesta Henrici Quinti）记载，亨利五世对亨格福德大发雷霆：

国王对他说："你说这话是愚妄的，我仰赖天上之神的恩典，抱着坚定的取胜信念，即使我可以，我也不愿我的军队多添一兵。因为现有的士兵都是上帝的子民，我很荣幸此时有他们在我身边。"他还说道："难道你不相信，他的全知全能，再加上他那为数不多的士兵，就能战胜自诩兵多将广的傲慢的法兰西人吗？"

亨利五世的这番演说振奋人心，他的威胁和警告也起了作用。开战前夕亨利五世对他的部下说，法军会将每一个被俘的英格兰弓箭手的弓指都剁掉。他补充说道，士兵们在战斗前夜必须保持沉默，以防遭到夜袭，任何不服从命令的人都将被割掉一只耳朵。

右图 亨利发表著名的阿金库尔演说，莎士比亚后来在他的作品中有所表现。

亨利五世带领军队沿索姆河行进了约两周，一直在寻觅合适的渡口。他的军队遭到法兰西侦察兵的跟踪，法军企图切断英军的后路，迫使他们在阿金库尔村附近展开激战。当亨利五世疲惫的军队逼近阿金库尔时，他立刻注意到法军"像蝗虫一样蜂拥"至村庄周围，且具有绝对优势兵力。法军人数在两万至三万六千人之间，而英军势单力薄。

1415年10月25日早晨，亨利五世命令士兵各就各位。遵照国王的吩咐，他们被部署在两片森林之间的狭长地带上。英军薄弱的前线两侧各有两排长弓手。站在他们面前的是强大的法兰西骑兵，人人手持"闪闪发亮的盾牌，长矛林立"。两军对垒之间是一片湿漉漉的草地，前一晚因雨水冲刷而变得泥泞不堪。

两军坐在原地互相观望，没有任何行动，就这样过了三个小时。最后，亨利五世因为担心法军在等待增援，于是命令他的士兵开战。法军计划利用密集的骑兵冲锋来击溃英格兰的长弓手。然而几天前，英军俘获了一名法兰西士兵，亨利五世从他口中得知了这个策略。亨利五世为了保护长弓手，他命每个长弓手都在其阵前的地面上插入一根尖头木桩。事实证明，这是一个残酷但有效的战术。

据说法军前线的骑士们争先恐后地向英军进攻，他们面向英军排成三条阵线。法国骑士的人数太多了，他们身边的四千名弩手甚至都没有出动。长弓手们被告知没有立足之地，也用不着他们了，但也由此酿成了一个代价高昂的错误。

这时，亨利五世命令长弓手开弓放箭，一阵箭雨落到法军前线上，致使法兰西骑兵陷入混乱，很快法军就发起了冲锋。然而，战马在泥泞的地面上跑得很慢，无法越过英军长弓手阵前的木桩，结果战马纷纷被刺伤了。

法兰西步兵此时被敕令向前推进，但越来越湿软的地面，

上图 亨利五世部下的一名阿金库尔弓箭手画像，他在尖头木桩的保护下抵御法兰西骑兵的进攻。

以及一拨又一拨的箭雨阻碍了他们的前进。无人驾驭的战马不知所措,四处狂奔,踩踏了很多法兰西士兵,从而使得战场上的局面更加混乱。根据以下记述,当时在战场中心展开了一场泥泞中的混战:

下图 英格兰长弓手耗尽箭矢后,抄起斧头、木桩、刀剑以及枪头冲向敌军。

> 最激烈的战斗爆发了,我们的(英格兰)长弓手在箭矢的末端刻下记号,然后向法军的两翼射击,接连不断地发射。箭矢用完后,他们又抄起斧头、木桩、刀剑以及枪头,将敌军绊倒在地,并刺死了他们。
>
> ——《亨利五世事迹》

下图 法兰西骑兵和英格兰骑兵在阿金库尔的泥泞混战中交锋。

英格兰轻装长弓手是残酷的攻击者，他们的盔甲不会像法兰西士兵的那样使自己陷入困境。在重装步兵和敏捷的长弓手的配合之下，英军摧毁了一排又一排朝他们推进的法兰西士兵。法军的尸体堆积如山，许多士兵试图越过尸体堆，结果直接被压死或闷死：

他们（法军）当中有些士兵在战斗刚开始时就身亡倒在前线了，后方的士兵乱作一团，打斗的打斗，栽倒的栽倒，结果活人倒在死人身上，甚至那些倒在活人身上的人也被压死了。随后战场被划分为三个战区，分别配有一支精锐部队，并插着我方军队的军旗。已丧命的人和被压在尸体之间的人堆积如山，我军士兵爬上有一人高的尸体堆，拿起刀剑、斧头和其他武器屠杀我军后方的敌军。

——《亨利五世事迹》

左图 1420 年，亨利五世和法王查理六世一同进入巴黎，并签署了《特鲁瓦条约》(Treaty of Troyes)。

法兰西军队溃不成军，有近三分之二的士兵吓得抱头鼠窜。当亨利五世被问及如何处置被俘的数百名法兰西骑士时，这场战役中最具争议的事情发生了。杀害战俘严重违背了中世纪的骑士精神，但法兰西援军近在咫尺的传言让亨利五世惊慌失措。

因此，他下令弓箭手射死所有的俘虏，任何不服从他命令的弓箭手将被绞死。大约有二百名手无寸铁的俘虏惨遭屠杀。亨利五世犯下这一暴行是因为他把胜利看得比荣誉更重要。最后他大获全胜：英军损失了一千人，法军损失了一万两千人，其中包括三位公爵、九十位男爵和两千名骑士。

征服与掌权

亨利五世在阿金库尔取得胜利后，他便率军向加来进发，然后启程返回英格兰。回到国内后，他在布莱克希思（Blackheath）受到了两万多名伦敦市民视其为英雄的欢迎。议会同意提高税收以资助亨利五世的战争开销，由此，亨利五世长期以来寻求的王权合法性进一步得到了巩固。从那时

上图 亨利五世在法兰西宫廷会见他的未婚妻——查理六世的女儿凯瑟琳。

起,没有人再提及亨利四世篡位和弑君的事情。

但亨利五世并没有结束对法兰西的征服。1417年,他再次率军登陆法兰西,在向巴黎进军的长征途中围攻了一个又一个城镇。他还携带着在不列颠制造的第一门大炮。令人恐惧的英军很快就攻陷了卡昂、法莱斯(Falaise)、鲁昂(Rouen)等城镇。数月之后,亨利五世抵达巴黎城门外,要求查理六世交出王位。这是非比寻常的一幕,其结果更是非比寻常。

法兰西国王查理六世经常发疯,他在发病时会攻击自己的侍从,还会跑来跑去直到昏倒在地,或坚称自己是玻璃做的所以不能移动。1420年,亨利五世与查理六世及其儿子(王储)一起,花了两个月的时间敲定了和平条约的条款。

根据1420年签署的《特鲁瓦条约》,亨利五世将在查理六世去世后继任法兰西国王，同时作为摄政王统治法兰西。为了巩固这一关系，亨利五世还娶了查理六世的长女凯瑟琳（Catherine）。1421年12月6日，他们的儿子亨利六世出生。他将成为历史上第一个自动继承英法两国王位的国王。

但事态发生了惊人的转变。亨利五世赢得的权力和领土比金雀花王朝史上任何一位国王都要多，但这一切都美好得太不真实。在英格兰议会中，已经有议员对国王同时统治英格兰与法兰西的可行性提出了质疑，此外并非所有的法兰西领土都已被征服。如要没收现已被剥夺继承权的王储所拥有的法兰西土地，亨利五世还需要发动更多的暴力攻击。除此之外，英格兰的神职人员也已不再祈祷亨利五世能在对外战争中取得胜利。

亨利五世即位后决心通过征服来巩固他的王位：战争就是伟大的巩固手段。但最后，他在该领域的成就似乎在他的子民看来都觉得过分了，因为他发动了太多的战争。英勇善战的亨利五世没有像英雄一样战死沙场，在1422年，亨利五世因患痢疾而亡。这位伟大的中世纪国王典范就这样去世了，他以一位身披闪亮盔甲的骑士和征服者的形象为世人所牢记。

然而，亨利五世留下的遗产并不持久：法兰西王位和他赢得的领土很快就丢失了，几乎就像拥有它们时那样迅速。今天，人们认为，亨利五世在阿金库尔战役取得的那场胜利是他最伟大的成就。

下图 亨利五世的葬礼。国王没有死在战场上，而是像他的许多祖辈一样死于痢疾。

HENRY VI

第八章 亨利六世

Henry 6.th King of England & Fra
nd Lord of Ireland.   surnamed of Windso

THE PLANTAGENETS

作为第一位兼任英法两国国王的金雀花家族成员，亨利六世有一大笔政治遗产需要守护。但作为一个统治者，他意志薄弱，优柔寡断，而且精神状态很不稳定。他的疯狂和暴政致使英格兰爆发了毁灭性的玫瑰战争。

随着亨利五世的去世，金雀花王朝也许从未如此迫切地需要一位强大的国王。亨利五世消除了亨利四世篡位的阴影，统一了英格兰，并将其疆域扩展至超乎想象之大。现在，必须以强大的力量和威严来管理庞大的双王国，但亨利六世完全无法胜任这个任务。

这位新国王登基时只有九个月大，因此英格兰王国由他的三个叔叔——温切斯特主教亨利·博福特（Henry Beaufort）、格洛斯特公爵以及贝德福德公爵代为顾问管理。像其他许多操控亨利六世的议员一样，这三个人在治理王国的大部分问题上争吵不休，只为自己的利益服务。

1429年，八岁的亨利六世在威斯敏斯特教堂受膏为王，当时格洛斯特公爵和博福特已兵戈相向，贝德福德公爵不得不从法兰西赶来维护和平。在一个名叫圣女贞德（Jeanne d'Arc）的农村少女领导下，法兰西反抗英格兰统治的斗争开始了，英格兰对法兰西的控制已经陷入了混乱。

贞德认定上帝指示她率军对抗英格兰人，并将法兰西前继承人——查理六世的儿子即王太子，扶上王位。十六岁的贞德留着一头短发，身穿白色盔甲，带领查理六世的近卫军前往被英格兰人占领的奥尔良（Orleans），在那里她赢得了一场意料之外的胜利，夺取了该城。随后，贞德和太子并肩行进，护送太子至兰斯（Reims）加冕为法兰西国王。这在客观

对页图 亨利六世在祈祷。虔诚而胆小的亨利六世完全不适合担任国王。

右图 圣女贞德率军挺进被英格兰人控制的法兰西的奥尔良。

对页图 圣女贞德在被指控犯有巫术罪和异端罪后,被绑在火刑柱上活活烧死。

上给法兰西造成了两位国王(查理七世和亨利六世)共同统治的局面。

贞德的好运没能持续很久,她于1430年在贡比涅(Compiègne)附近的一场战斗中被俘。而后她勇敢地从布卢瓦(Beaurevoir)城堡30米高的塔楼上跳入干涸的护城河中,逃脱了牢狱之灾,但她又被抓了回去,并以传播异端邪说和施行巫术的罪名受审。这场审判是一场闹剧,企图诱使贞德认罪,唯一能够成立的指控只有异装癖。1431年5月30日,贞德被绑在鲁昂镇广场的火刑柱上烧死了。之后,她的尸体

第八章　亨利六世　　205

下图 描述亨利六世和安茹的玛格丽特婚礼的佛兰芒绘画。

又被烧了两次，骨灰也被翻了个遍，这样就不会有人说她从余烬里逃出来了。

从圣女贞德开始，查理七世开启了为人民夺回法兰西的进程，尽管这花费了二十年的时间。英格兰将对法兰西治理不善的问题，归咎于博福特和格洛斯特公爵之间的纷争。不过，英格兰议会对管理法兰西王国也没有多少兴趣，许多议员都认为：为什么要把英格兰的资金浪费在维护这个大陆王国上面呢？尤其是在国内还存在如此多问题的情况下。

年轻的亨利六世在听到奥尔良被攻占的消息后，泪流满面地哀叹道，为什么他"没有做错"任何事情，却要遭到法兰西的背叛呢？亨利六世就是如此单纯，他成长为一个书生气十足、极度虔诚的人，举止怯懦，但在其力所能及的范围内又很慷慨。亨利六世不愿在周日处理王室事务，不赞成在宫廷宣誓就职，他还随意分封王室头衔，尽管国内已经有了太多的贵族。

关于英格兰如何保卫金雀花王国在法兰西的领土问题，格洛斯特公爵和博福特争论不休。与此同时，亨利六世却忙于自己钟爱的建筑项目，其中包括剑桥大学国王学院和伊顿公学，后者是专为贫困人民提供教育的学校，这些穷人原本没有机会接受教育。

在此过程中，巴黎和诺曼底部分地区逐步落入查理七世之手。亨利六世为了把控局面，他与查理七世进行了秘密会谈。在此次会谈中，两位国王签订了停战协议，并达成了一项婚姻交易。1445年，亨利六世与查理七世的侄女——安茹的玛格丽特（Margaret of Anjou）成婚。在威斯敏斯特教堂举行的这场婚礼备受瞩目：对于亨利六世的英格兰臣民来说，这意味着法兰西暂停了敌对行动，英格兰将迎来稳定的局面，并且有可能诞生新的王位继承人。

凯德反叛

杰克·凯德（Jack Cade）是肯特郡一个心怀不满的团体的领袖，这个团体于1450年向伦敦进军，奋起反抗亨利六世。该团体自称为"请愿者"，对国家"缺乏治理"深感担忧。他们希望结束亨利六世摄政顾问内部的腐败，并扭转王室在法兰西领土流失的局面。这个反叛团体包括小地主，以及不久前被查理七世驱逐出诺曼底的农民和英格兰公民。

这支叛军大约有五千人，他们先在布莱克希思集结，然后于7月3日袭击伦敦。抵达首都后，凯德切断了伦敦桥的绳索，以截断反抗者的退路。随后，他宣布自己为伦敦市市长，并设立了一个"袋鼠法庭"，以此来审判和处决那些被认定犯有腐败罪的人。财政大臣及其女婿因此项罪名被斩首。

在接下来的几天里，叛军开始酗酒、抢劫，导致曾经支持他们的伦敦人转变了对他们的态度。7月8日，叛军和国王的军队在伦敦桥附近展开了一场战斗。凯德的军队损失惨重，而后就解散了。他本人逃到了萨塞克斯郡的刘易斯，在此地他被俘并遭到杀害。其尸体被用于进行模拟审判，作为对他人的一种警告。这场叛乱是短暂的，但它代表了亨利六世的臣民更深刻也更广泛的愤怒。

上图 叛军领袖杰克·凯德带领暴徒在伦敦的街道上游行。

根据玛格丽特的王后身份，她通常会带着一笔丰厚的嫁妆来充实英格兰国库。然而这份嫁妆却做了另外的用途：亨利六世把法属领土曼恩和安茹作为结婚礼物送给了查理七世，许多人得知此事后深感震惊。亨利六世犯了一个重大错误，给他的王位也带来了耻辱。没有人想到英格兰国王会赠送出用士兵的生命艰难换来的土地，尤其是金雀花家族心爱的安茹。

与此同时，亨利六世的妻子玛格丽特表示，她也将辅佐国王并削弱其摄政顾问的权力。1447年，玛格丽特以叛国罪逮捕了格洛斯特公爵，并将他关进监狱。格洛斯特公爵在等待审判的过程中不幸身亡。博福特也在同一年去世，据说是自杀。这样，元老们都离开了人世。

1449年，英格兰政府陷入危机。查理七世违背了与亨利六世签订的停战协议，随后驻法英军在保卫领土的战斗中吃了败仗。当时国库空虚，许多人对格洛斯特公爵之死心存疑虑。约克公爵理查接替了格洛斯特公爵的位置，他本人也是金雀花家族成员，是爱德华三世的后裔。约克公爵不仅是一位潜在的王位继承者，还是一名强大的骑士，因此亨利六世并不信任他。

然而，约克公爵担任亨利六世的顾问再次证明了亨利六世管理贵族的无能。贵族们对国王的不满情绪与日俱增，最终导致血腥的冲突，即著名的玫瑰战争。

查理七世花了一年多的时间夺回法兰西的领土。到1450年，英格兰在法国的领土只剩下加斯科涅和加来，亨利六世几乎丢失了他父亲拼命换来的一切。那时，负责保卫法兰西领土的贵族约克公爵和萨默塞特（Somerset）公爵互相指责对方。从此，他们便成了不共戴天的仇敌。

亨利六世的妻子玛格丽特经常因英格兰在法兰西的失利而受到指责和嘲笑。失去领土给亨利六世造成了极大的信誉损失。但接下来发生的事情则更糟糕：亨利六世耗尽了国库，因此没有足够的资金来支撑英格兰政府的开支。此外，亨利六世债台高筑，伦敦的许多富商撤回了对他的支持。

1453年，宫廷得悉加斯科涅也已失守。只有加来周围的一小块飞地还属于英格兰。这标志着始于1337年爱德华三世统治时期的百年战争的结束。这下国王的精神彻底崩溃了。碰巧的是，几天后玛格丽特王后宣布她怀孕了。

10月，玛格丽特诞下了一个名叫爱德华的男性继承人，并在亨利六世发疯期间任命爱德华为英格兰的王储。萨默塞特公爵支持玛格丽特，但议会表示反对。议会议员希望在亨利六世不当政期间，让他们自己的亲信约克公爵理查担任护国公，他们也是这样做的。约克公爵和玛格丽特之间的战线开始形成。

上图 随着时间的推移，安茹的玛格丽特显示出自己是亨利六世背后的力量。

玫瑰战争

约克公爵及其支持者佩戴白玫瑰，亨利六世及兰开斯特家族支持者佩戴红玫瑰，著名的玫瑰战争由此得名。然而，玛格丽特王后才是王位背后真正的掌权者。议会任命约克公爵为护国公时，亨利六世病得很严重，他甚至都认不出自己刚出生的儿子爱德华。

现代学者推测，亨利六世遗传了他的外祖父法兰西国王查理六世的精神分裂症，尽管他们两人有明显不同的症状。亨利六世的疾病在同时代编年史作者的描述中像是紧张症——他会在椅子上坐好几个小时，植物人般的沉默，没有人帮助就无法站立或走路。和查理六世一样，亨利六世的精神病在他的余生中反复发作。不过，他第一次发病的痛苦似乎或多或少伤害了他的头脑。此后，宫廷内不再对他的古怪行为感到惊讶。

1455年，亨利六世身体康复，可以与他的儿子正常见面了。他下的第一道命令是将萨默塞特公爵从伦敦塔中释放出来，萨默塞特公爵是因诺曼底失守而被约克公爵以叛国罪关押在伦敦塔的。随后，亨利六世着手召回被约克公爵驱逐的其他贵族，并在莱斯特召开了一场议会。约克公爵本人没有被邀请出席。他得知此消息后，便和沃里克伯爵组建了一支军队，开赴圣奥尔本斯（St Albans）拦截国王的队伍，并要求获得参加议会的权利。

圣奥尔本斯战役之所以引人注目，只因为它是玫瑰战争的第一场战役。实际上，这场战役只是发生在街头的小规模冲突，持续时长仅为两小时。然而，该冲突的结局是萨默塞特公爵遇害，约克公爵达到了自己的主要目的。随后，约克公爵护送亨利六世返回伦敦。几个月后，当国王再次陷入精神紧张的状态时，约克公爵又恢复了护国公的身份。

在接下来的五年里，亨利六世的病情时好时坏，他清醒的时候会去到中部各地的修道院和主教座堂。凯尼尔沃思城堡是当时王室的大本营，而约克公爵的权力基地则在伦敦。玛格丽特继续担任着傀儡主人的角色，同时想尽一切办法确保儿子爱德华的继承权。约克公爵理查对王位的威胁越来越大，他甚至开始称自己为理查·金雀花，他是第一位这样自称的贵族。

1459年末，在玛格丽特的指令下，亨利六世在考文垂召开议会，谴责了约克公爵、沃里克伯爵以及他们的支持者。国王还利用这个机会号召所有忠诚的贵族及其随从加入王室

对页图 约克公爵向萨默塞特公爵发起挑战。此后，兰开斯特家族的支持者佩戴红玫瑰，约克家族的支持者佩戴白玫瑰。

下图 圣奥尔本斯战役的示意图,这是一场发生在圣奥尔本斯街头的小规模战斗,持续时长仅为两小时。

军队。作为回应,约克公爵和沃里克伯爵集结军队向伍斯特进发。1460 年 7 月 10 日,北安普敦战役夺去了两千名士兵的生命。英格兰陷入了一场残酷的内战。

在北安普敦战斗期间,沃里克伯爵发现亨利六世静静地坐在自己的营帐里。亨利六世的身体并未完全康复。约克公爵和沃里克伯爵护送亨利六世回到伦敦后,将他囚禁在伦敦塔里。亨利六世在塔中被迫签署了一份声明,即由约克公爵而不是自己的儿子爱德华继承王位。约克公爵的王朝野心至此已经暴露无遗。

不过在 1460 年 12 月 31 日,约克公爵在韦克菲尔德(Wakefield)战役中被杀身亡,他的头颅被砍下后被戴上了一顶纸王冠,放在可以俯瞰这座乡镇的城门上,这是他戴过的唯一一顶王冠。

1461 年 2 月 17 日,第二次圣奥尔本斯战役爆发,真正的国王亨利六世在此后获救。玛格丽特率领王室军队取得了

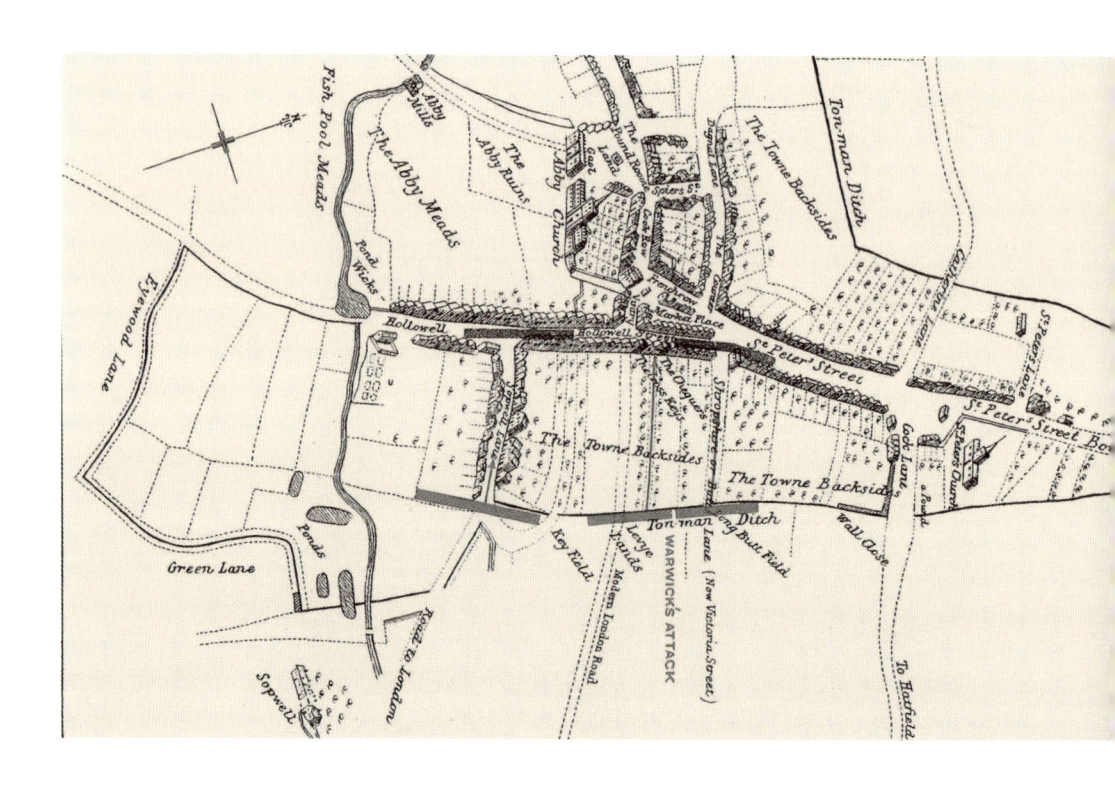

这场战役的胜利,随后便向伦敦进发。然而,伦敦人不愿放下伦敦桥让王后进城,他们害怕王后散漫的军队,他们以抢劫和杀人而臭名昭著。

此时,玛格丽特已经变得丧心病狂,只要有人反对亨利六世,她就会对其发动恐怖战争。她的间谍和密探在审讯中肆无忌惮地使用酷刑,但这些都没能重新取得人们对患病国王的尊重。在第二次圣奥尔本斯战役期间,有人看到亨利六世笑呵呵地一边唱着歌,一边拍着手:在所有旁观者看来,国王显然已经疯了。

与此同时,新一任约克公爵爱德华已经接替了他已故父亲的职位。爱德华身材高大,自信满满,据说他是英格兰王国里最伟大的骑士之一。作为父亲理查·金雀花的儿子,他也是一位合法的王位继承者。爱德华将与沃里克伯爵(此时是英格兰最有权势的贵族)携手改变金雀花家族的王朝命运。

下图 血腥的北安普敦战役使英格兰陷入残酷的内战。

造王者沃里克

沃里克伯爵理查·内维尔（Richard Neville）生于1428年，是一名富有的贵族和令人敬畏的将军。理查·内维尔在加来担任上尉时经历了一场战争，这一职位使他控制了剩余的在法兰西的所有英兵。战场上的理查·内维尔展现了15世纪的骑士风范。他是一名骁勇善战的战士，有一次眼看战争就要失败，他杀了自己的战马以表对获胜的决心。在那一刻，他说了一句著名的话："想逃的就逃吧，愿意留下的人，我必定与之同生共死。"

战场之外的理查·内维尔是一个冷酷自私的机会主义者。如果符合他的利益，他就会毫不犹疑地改变立场，他似乎对英格兰王国的整体利益漠不关心。在玫瑰战争的关键时期，他开始支持约克公爵爱德华，虽然两人之间缺乏真正的信任。理查·内维尔也在适当的时候为亨利六世效力，他在内战中的影响力为自己赢得了当之无愧的"造王者"称号。

上图 理查·内维尔，第十六代沃里克伯爵，史称"造王者"。

第八章 亨利六世 215

跨页图 在 1461 年的陶顿战役中，处于顺风位置的约克军队弓箭手给兰开斯特军队造成重创。

陶顿战役

陶顿战役是英格兰有史以来规模最大、最血腥的战役，也是玫瑰战争中一场决定性的大屠杀。在这场战役中，有五万至七万名英格兰士兵交锋。1461 年 3 月 29 日，约克军队和兰开斯特军队在约克郡一片名叫"陶顿"（Towton）的冰封乡村地带交战。双方士兵全副武装，身穿链甲和板甲，携带着各种各样的致命武器，包括刀剑、弓箭、棍棒、长柄斧、战锤、狼牙棒和长矛。

早晨九点，这场战斗在暴风雪中打响了，狂风呼啸，箭矢簌簌，大炮发射了厚厚的铁块和铅弹。一开始，约克军队射出的箭对其十分有利，因为他们处于顺风位置，而兰开斯特军队射出的许多箭都落空了。为了尽可能少受被动局面影响，兰开斯特军队发起了冲锋，由此引发了一场残酷的肉搏

下图 在陶顿战役中,英格兰人在雪地上、河流中以及沼泽地里互相残杀。

混战,双方都没有心慈手软。起初兰开斯特军队占据了上风,他们把约克军队的阵线往后推了一米又一米。但随着推搡的持续进行,前线情况出现了转折。当时,兰开斯特军队的身后是一片如今被称为"血草地"的沼泽地。

约克军队意识到自身的优势后发动了骑兵冲锋,将兰开斯特的士兵推入沼泽地以及流经沼泽地的河流。一位目击者称,当时河面上很快就堆起了一座"尸桥"。兰开斯特士兵被迫爬过尸体撤退,许多人溺水而亡。当一些兰开斯特士兵深陷泥淖时,约克军队则残忍地将他们屠杀了。

许多兰开斯特士兵丢盔卸甲,仓皇地爬过血草地逃走了。但约克军队随即追上并杀害了他们,没有带回一名俘虏。据目击者描述,当时战壕和深坑里堆满了尸体,"那些遇害者的鲜血随着融化的雪水流入犁沟和壕沟,场面惨不忍睹"。

陶顿战役具有一种令人唏嘘的讽刺意味。亨利五世曾组织英格兰士兵对抗法兰西军队，使用的作战方法与如今分裂的英格兰同胞相残的方法如出一辙。一位编年史作者记载道："父子相争，兄弟相争，侄甥相争。"没有人能幸免于陶顿战役的恐怖和屠杀。超过两万八千名兰开斯特士兵在溃退时被约克军队残杀，这场战役改变了英格兰的历史。

上图 亨利六世在陶顿。陶顿战役之后，亨利六世和玛格丽特带着儿子爱德华逃到了苏格兰。

亨利六世和玛格丽特带着他们的儿子爱德华逃到了苏格兰。约克公爵爱德华和沃里克伯爵则出发前往伦敦，1461年6月28日，约克公爵爱德华在伦敦自我加冕为英格兰国王爱德华四世。金雀花王朝的王位继承由此从兰开斯特家族移至约克家族。

爱德华四世举行加冕典礼并不代表王朝发生了明显的变革：亨利六世希望在王朝更迭之前进行最后一搏。然而，亨利六世一直没能从精神病中康复，他也没能放下好战的父亲强加于他的王朝野心。自亨利四世篡夺王位以后，其儿子亨利五世在位期间一直努力为家族洗刷污名。亨利五世最大的愿望是：他及其继承人亨利六世能够毫无愧色地统治他为后代所创造的辽阔王国。

然而，兰开斯特家族的遗产并不是一个庞大的世袭王国，也不是千秋万代的王朝世系。相反，他们遗留下来的是篡位夺权的故事：禁忌一旦被打破就无法恢复，反而为其他人开启了效仿的先河。在经历了一场血雨腥风的叛乱之后，金雀花王朝终将走向灭亡。

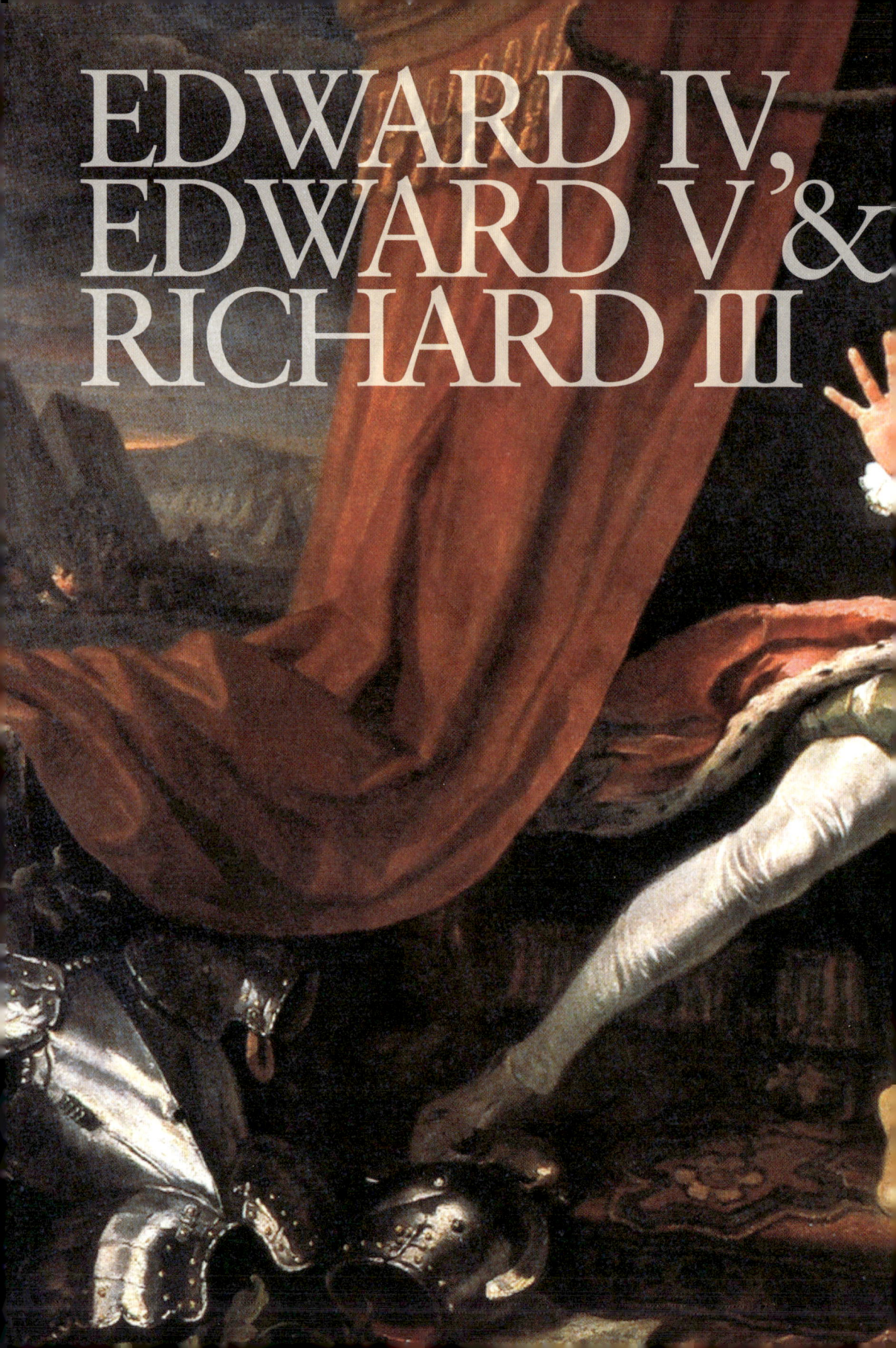

EDWARD IV, EDWARD V & RICHARD III

第九章

爱德华四世、爱德华五世以及理查三世

RICARDVS · III · ANG · REX ·

第九章 爱德华四世、爱德华五世以及理查三世

THE PLANTAGENETS

爱德华四世是一位英俊绝伦、宽宏大量的国王，他的加冕典礼预示着英格兰将重返黄金时代。但他的贪色不仅导致其子嗣遭到了谋杀，还招致了英格兰历史上最受唾骂的恶棍——理查三世的上位。

英格兰人民在经历了玫瑰战争的流血和动荡之后，似乎迫切需要爱德华四世这个国王来主持大局。根据编年史作者托马斯·莫尔（Thomas More）的记载，爱德华四世是"一个优秀之人，看起来非常具有王者风范：勇猛果敢，雄才大略；面对逆境，无所畏惧；对待顺境，乐而不骄；身处和平，公正仁爱；战争谋划，诡变凶猛；战场杀敌，勇敢顽强"。

爱德华四世性格开朗，平易近人，还是一位伟大的外交家，他明白要治理好英格兰需要充盈的国库和贵族的支持。在爱德华四世统治的大部分时间里，英格兰都呈现出一派繁荣景象。

爱德华四世还坚信君王应该以个人的衣着华丽来体现国家的财富。在他统治的第一年，他花了五千英镑为自己购买衣服和珠宝。他拥有数百双鞋子以及大量的皮毛和布匹，那些布匹都是用上等的金线、银线、紫线和红线制成的。爱德华四世的珠宝商开出的一份账单显示，他购买了多枚镶嵌着珍珠、红宝石、钻石的金戒指和十字架，还有一份账单表明他还购买了一根镶有蓝宝石的镀金牙签。

从外表上看，爱德华四世高大强壮，"面容英俊，体格健壮，干净整洁"。然而，当他"怒容满面时，会让旁人感到他非常可怕"。许多女人被爱德华四世深深吸引，而他对女人也有着无限的欲望。作为一位年轻的单身国王，爱德华四世身边围绕着一群女性，在外出狩猎时，国王会为她们每人提供

对页图 理查三世画像，他是英格兰最受非议的君主。

右图 爱德华四世的加冕典礼，他是第一位来自约克家族的英格兰国王。

一顶帐篷，这样他就可以单独与她们约会。曾住在爱德华四世宫廷里的意大利编年史作者多米尼克·曼奇尼（Dominic Mancini）记载道，爱德华国王"淫荡至极"。

曼奇尼还记述道："据说，他在引诱了许多女人之后却对她们非常无礼，一旦他厌倦了调情，就会不顾女士们的意愿，将她们送给其他朝臣。无论是已婚的或未婚的、高贵的或卑贱的女性，他都一视同仁地展开追求。"

爱德华四世在北安普敦郡骑马外出时偶遇了一个出身低微的女人，他认为这就是他未来的伴侣。据说他一下子就被伊丽莎白·伍德维尔（Elizabeth Woodville）迷住了，她曾被描述为"不列颠岛上最美丽的女人"。伍德维尔是一个罕见的女人，她不会屈从于国王的追求，也不愿意只做国王的情妇：如果爱德华四世想得偿所愿，就必须迎娶她。

但是，爱德华四世与伍德维尔的婚姻引发了王室丑闻，激起了朝臣愤怒，导致金雀花王朝开始走向末路。王室婚姻最重要的是与外国势力结盟，这是一种政治安

第九章 爱德华四世、爱德华五世以及理查三世 223

排，按照传统要与贵族和议会进行商议。伍德维尔不是外国公主，她没有强大的父亲，也没有丰厚的嫁妆，她只是英格兰一名骑士的女儿，还是一位带着两个孩子的寡妇。她的父亲甚至曾为兰开斯特家族而不是约克家族而战。然而，这些事实都无法阻止爱德华四世。1464年5月1日，他们秘密结婚了。

这桩婚姻在宫廷、王室和议会中引起了很多争议。爱德华四世的母亲约克公爵夫人陷入了"疯狂的境地"，据曼奇尼记载，"她主动提出接受公开调查，声称爱德华不是她丈夫的后代，而是她与人通奸怀上的，因此他根本不配拥有王权"。国王的弟弟克拉伦斯（Clarence）公爵"满怀敌意地公开谴责伊丽莎白家世低微，以此来表达他的愤怒"。贵族委员会告诉爱德华四世，"她（伍德维尔）与国王并不相配，无论她有多

上图 爱德华四世向伊丽莎白·伍德维尔求爱的画面。他们的婚姻引发了王室丑闻。

优秀多美丽，他必须清楚，她不能成为像他这样的君王的妻子，因为她既不是公爵也不是伯爵的女儿"。

爱德华四世最强大的盟友沃里克伯爵理查·内维尔被这一消息激怒。这桩婚姻不仅是一个严重的政治失算，而且他这位"造王者"甚至都没有被邀请参加婚礼。沃里克伯爵花了很长时间撮合爱德华四世和法兰西国王路易十一（Louis XI）的妻妹结婚，如今他的这场外交磋商如此意外、如此不光彩地被迫终止了。

更糟的事情随之而来，爱德华四世开始将领地和头衔授予伍德维尔的直系亲属。伍德维尔有五个兄弟和七个姐妹，许多姐妹都和她一样美丽动人。宫廷里的贵族们都非常渴望得到她的姐妹，即使迎娶一个贱民会冲淡他们高贵的贵族血统。

上图 伊丽莎白·伍德维尔的画像。伍德维尔七姐妹的美貌使她们很快在爱德华四世的宫廷中大受欢迎。

不仅仅是男人在渴求伍德维尔魅力十足的姐妹，就连女人也渴求伍德维尔的兄弟。新王后二十岁的弟弟娶了六十五岁的诺福克公爵夫人。这位公爵夫人曾有过三任丈夫（皆已亡故），现下她是一个富有的寡妇，也是沃里克伯爵的姨妈。沃里克伯爵对他们的结合感到愤怒不已，这是压垮他的最后一根稻草，这位"造王者"将再次证明其头衔的名副其实。

大约在这个时候，前国王亨利六世出现了，这真是一个奇怪的巧合。亨利六世最后一次露面是在陶顿战役后，他带着妻子玛格丽特和儿子爱德华逃离了英格兰，和少数兰开斯特随从一直流亡于苏格兰和英格兰北部。亨利六世在北方仍有支持者，并被那里的贵族们藏了起来。玛格丽特则带着爱德华王子回到了她在安茹的家族庄园，但她想让亨利六世重登王位的愿望从未放弃。

然而，亨利六世的好运就要用光了。1465 年，他在兰开斯特停留时被一个修士出卖，随后在边境附近被捕。亨利六世再也没能恢复到他以前的精神状态。虽然他有清醒的时候，但还是一副忧伤凄凉的样子。亨利六世戴着一顶简单的草帽，被追兵绑在马背上带到了伦敦塔，然后就被关押在了那里。他作为"温莎的亨利"被囚禁在伦敦塔里五年，兰开斯特支持者不会忘记他。后来兰开斯特派起义反抗爱德华四世之后，亨利六世越狱了，这要归功于爱德华四世最信任的盟友沃里克伯爵。此时，沃里克伯爵与爱德华四世的弟弟克拉伦斯公爵乔治结成了反叛联盟。如果爱德华四世去世或者被人背叛，乔治就是下一位王位继承人。沃里克伯爵返回了自己的庄园，并拒绝了爱德华四世屡次的召见。他开始与爱德华四世最大的敌人安茹的玛格丽特密谋。到了 1469 年，沃里克伯爵公开反抗爱德华四世。玫瑰战争再次爆发了。

下图 沃里克伯爵到伦敦塔中探望前国王亨利六世。亨利六世在那里被监禁五年了。

复辟

在 1469 年的埃奇科特（Edgecote）荒原战役中，沃里克伯爵对爱德华四世发起了第一次重大进攻，在此期间，他抓获了几个很有知名度的俘虏，其中包括伊丽莎白·伍德维尔的父亲和哥哥。这场战役结束的第三天，也就是 7 月 29 日，沃里克伯爵俘获了爱德华四世，并将其关押在沃里克城堡。随后他召开了一场议会，并认为议员们会要求爱德华四世下台并支持其弟乔治继位。然而沃里克伯爵的设想错了，议会仍然忠于爱德华四世，议员们还要求将其释放，别无选择的沃里克伯爵只能屈服。令人难以置信的是，爱德华四世后来竟然原谅了沃里克伯爵和乔治。

沃里克伯爵对爱德华四世恨之入骨以至于他不愿放弃反抗。他与安茹的玛格丽特密谋从法兰西发起

进攻。与此同时，他利用爱德华四世不在伦敦的时机控制了伦敦，并将亨利六世从伦敦塔中解救出来，然后宣布亨利六世复辟。1470年10月3日，亨利六世再次加冕为英格兰国王。爱德华四世听到这个消息后，考虑到自己的安危便逃到了勃艮第（Burgundy）。而英格兰再次迎来了兰开斯特家族的国王。

这一时期有时被称为"亨利六世的复辟"，但他只是沃里克伯爵和乔治的傀儡。在亨利六世的加冕仪式上，他必须被人牵着穿过伦敦的人群，除非有明确提示，否则他很少说话。对许多人来说，这场加冕礼似乎并不真实，它只不过是这个超长篇传奇故事中又一段紧张的插曲。亨利六世的复辟也不会持久。不到一年，爱德华四世带领一支小型军队在约克郡的雷文斯本（Ravenspurn）登陆。

这支军队迅速扩展到七千人左右。沃里克伯爵和爱德华四世的军队在巴尼特（Barnet）战役中交锋，这场战役是两人冲突决定性的转折点。沃里克伯爵本想等待安茹的玛格丽特及其军队登陆，但恶劣的天气耽搁了对方的行程。1471年4月14日上午，两军在浓雾中开战。

沃里克伯爵的军队在人数上处于绝对优势，远超爱德华四世军队一万至一万五千人。但是沃里克伯爵的部下士气低落，于是他提议步行作战以振奋士气。这是因为骑马作战的骑士很可能一打败仗就逃跑，即便沃里克伯爵会战斗到底。

这场战役的决定性因素是没有消散的浓雾。兰开斯特军轻松包抄了约克军的防线，但在大雾中却无意袭击了自己人。指控兰开斯特军叛国的呼喊声愈发高涨，随之引起了兰开斯特军一众人的恐慌。爱德华四世迅速抓住这一时机，下令向战场中央发起冲锋。当大雾终于开始散去时，沃里克伯爵看到他的兄弟被杀。爱德华四世也看到了这一幕，大喊不要伤害沃里克伯爵：也许是装模作样，也许是想要公开处决他，但为时已晚，这位"造王者"在混乱中被杀死了。沃里克伯爵的遗体被陈列在圣保罗大教堂，这样就不会有人怀疑他究竟有没有死了。

巴尼特战役标志着兰开斯特叛乱的结束。玛格丽特的军队在蒂克斯伯里（Tewkesbury）与爱德华四世交战中全军覆没。她的儿子爱德华在战斗中身亡，而她本人则被关进了伦敦塔。玛格丽特被囚禁在塔中四年，直到路易十一缴付了赎金，她才回到法兰西生活。

亨利六世被废黜后也被囚禁在伦敦塔里，于1471年5月21日晚去世。第二天早上，重新加冕为英格兰国王的爱德华四世坚称亨利六世是自然死亡。然而，当亨利六世的头骨于当代被挖掘出来时，人们发现其头骨凹陷，浅色的头发上仍然可见斑斑血迹。

上图"造王者"沃里克在巴尼特战役中被砍死。后来人们在其丧命之处放置了一座石制方尖碑。

爱德华五世

在爱德华四世重新统治的十二年间，英格兰享有了一段难得的和平时期。随着羊毛贸易的兴盛以及新兴商人阶层的崛起，英格兰王国一度变得繁荣富裕。威廉·卡克斯顿（William Caxton）创建了不列颠第一个印刷所，欧洲大陆文艺复兴运动的思想开始影响英格兰文化。

下图 安东尼·伍德维尔和威廉·卡克斯顿向爱德华四世献上英格兰第一本印刷书籍。

爱德华四世变得越来越胖,他在和平时期放纵自己的食欲和性欲。伊丽莎白·伍德维尔在他们的婚姻期间为爱德华四世生了十个孩子,此外爱德华四世还有许多的私生子。在那时,一个国王除了妻子之外可能会与其他女人上床,甚至会有最宠爱的情妇。不过,继承人只能是婚生子。这个法律观点很快就会在王室法庭中发挥重要作用。

1483年4月9日,爱德华四世悄然离世。他的确切死因尚不清楚——可能是肺炎或伤寒,毕竟他只有四十岁。不过,他并没有死于谋杀、战争或痢疾,这在金雀花王朝的君主中是非常罕见的。

爱德华四世去世前在其遗嘱中增加了一系列附录,因为他察觉到妻子的伍德维尔家族和他的两个兄弟——克拉伦斯公爵乔治和格洛斯特公爵理查之间正酝酿着一场纷争。爱德

第九章　爱德华四世、爱德华五世以及理查三世

华四世原谅了乔治与沃里克伯爵叛国的行为，乔治后来与理查闹翻了。他们两人都鄙视伍德维尔家族在宫廷的权势，随着该家族的众多兄弟姐妹与贵族朝臣联姻，他们的势力变得更加根深蒂固。

此时，爱德华四世的突然离世引发了一场权力斗争。他的继承人是其十二岁的儿子爱德华，当他得知父亲的死讯时，他在勒德洛（Ludlow），很快他就被拥立为新的国王——爱德华五世。根据爱德华四世的一份遗嘱附录，理查被任命为护国公和摄政王，直到爱德华五世成年。理查启程去接爱德华五世，带他前往伦敦加冕。然而，前去接爱德华五世的还有他的舅舅——里弗斯伯爵安东尼·伍德维尔（Anthony Woodville），与伍德维尔同行的还有两千名随从。这是一场意料之中的纷争。

理查和伍德维尔家族都怀疑对方会通过少年国王控制政权。伊丽莎白·伍德维尔希望由伍德维尔家族的军队护送爱德华五世至伦敦，从而爱德华五世能宣布罢免理查的护国公职位，这样一来伍德维尔家族就会成为王位幕后的掌权者。如果让理查护送新国王，伍德维尔家族则担心理查会开始操控爱德华五世，并巩固其权力。没有人知道理查的计划是什么，除了确信他不打算放弃护国公的头衔之外。

理查及其六百名随从在前往伦敦的途中遇到了里弗斯伯爵和年幼的国王，同时还有里弗斯伯爵的两千名随从。双方像朋友一样互致问候，并在北安普敦共度了一晚。但第二天早上，理查以叛国的罪名逮捕了里弗斯伯爵，随后将其带到庞蒂弗拉克特城堡，并于几天后处决了他。

次日上午，理查向他的侄子爱德华五世解释说，里弗斯伯爵是密谋废黜他的头目，现在已被关进了监狱。还有其他人也参与了这个阴谋，理查继续说道："为了你（爱德华）自

上图　克拉伦斯公爵乔治站在沃里克伯爵大女儿伊莎贝尔·内维尔夫人的旁边。

下图 伊丽莎白·伍德维尔带着她的孩子们逃命后，来到威斯敏斯特教堂寻求庇护。

身的安全，应该彻底清除这些大臣，以免你落入他们这些极度疯狂而不顾一切的人手中，从他们之前的恣意妄行中可知，他们什么事情都敢做。"根据多米尼克·曼奇尼的说法，爱德华五世不相信自己身边有叛徒，他说："我只有父亲留给我的那些大臣，而且凭借父亲的谨慎，我相信自己已经得到了忠心耿耿的他们的支持。"

伊丽莎白·伍德维尔及其家人回到伦敦后，听到里弗斯伯爵被捕的消息后惊慌失措。他们认为这表明了理查想以叛国为借口除掉他们。惶恐的伍德维尔逃到威斯敏斯特教堂寻求教会的庇护。

理查写信给伦敦市市长，坚称他对王位没有任何企图，而是为国王着想，希望把国王安全地送到伦敦。1483年5月4日，他履行了这一承诺。抵达伦敦后，爱德华五世被直接带到伦敦塔，为6月22日的加冕礼做准备。如果理查要取代爱德华五世，他没有多少时间去筹划。不过，一个阴谋就要发生了。

伊丽莎白·伍德维尔仍在威斯敏斯特教堂受教会的保护，此时有消息传出，理查正在撤销伍德维尔家族的行政职务。议会对此表示支持，贵族们对伍德维尔新贵所积累已久的怨恨开始显现。理查也授予许多贵族爵位和土地以换取他们的支持。

理查随后写信给北方的王室盟友，希望他们拿起武器"帮助我们对抗王后及其追随者和亲属，这些人一直企图，甚至每天都在企图将我们赶尽杀绝"。据说伊丽莎白·伍德维尔的忠实支持者威廉·黑斯廷斯（William Hastings）男爵意图杀死理查，但他很快被抓获并在一根木桩上被斩首。这是一个大胆之举：黑斯廷斯深

第九章　爱德华四世、爱德华五世以及理查三世　　231

左图　继承人爱德华五世在其叔叔格洛斯特公爵理查的陪同下进入伦敦。

受人们的欢迎，但更多的杀戮还在后面。

6月22日，教会宣布爱德华四世的儿子是私生子而不是合法继承人，据称是因为爱德华四世在与伊丽莎白·伍德维尔结婚时已与另一个女人订婚，因此他们的婚礼具有欺诈性。于是，理查便成为英格兰王位的合法继承人。7月6日，他被加冕为国王理查三世。

清除敌人、夺取权力以及剥夺伍德维尔家族的合法性本身就令人震惊，不过金雀花家族的其他人做过比这更糟的事情。接着出现了一个前所未有的恶性事件——爱德华五世和一直陪伴在他身边的弟弟理查都从伦敦塔失踪了，之后再也没有出现过。

史学界认为理查三世是谋杀塔中两个侄子的罪魁祸首，因为几乎没有其他合理的说法可以解释他们的失踪。这一罪行通过莎士比亚永传后世，以致理查三世成为金雀花王朝历代国王中最受非议的国王（如果不算所有的英国君主的情况的话）。当然，即使理查三世谋杀了侄子，他也并不是第一个杀害侄子的国王，约翰国王的王位受到威胁时，他也派人谋杀了他的侄子亚瑟。

也许到了1483年，人们变得更加开明：虽然谋杀两个无辜的男孩被视为对上帝和自然法则的亵渎，但是并没有证据表明这起谋杀与理查三世有关，此后也没有发现任何证据。在理查三世统治期间，"塔中王子"之谜一直没有被解开，但理查三世谋杀"塔中王子"这一传闻确实也推动了理查三世的死亡。

博斯沃思战役

一方面，理查三世的统治给金雀花王朝（英格兰历史上国祚最长的朝代）画上

上图 莎士比亚《理查三世》戏剧中想象的理查三世。

关于理查三世

托马斯·莫尔是中世纪的一名律师、议员和圣徒，他在16世纪写了一部关于理查三世的编年史。以下是他对理查三世的描述：

我们现在讨论的是第三子理查，他在智慧和勇气方面与他们两人不相上下，而在身形和才能方面却远远不如他们两人：理查身材矮小，四肢畸形，他的脊柱侧弯，左肩比右肩高很多，并且面貌丑陋。领主们称他为好战的国王，其余人对他则有别样的称呼。他恶毒易怒，嫉贤妒能，而且从出生前就不合人意。据真实的记载所言，公爵夫人（他的母亲）生他的时候难产，以至于只能剖腹生下他；他出生时脚先出来，而且（相传）他生下来就有牙齿……

他既平易近人又心思缜密，是一个深藏不露的伪君子，外表谦逊，内心傲慢，对待心里憎恶的人表面友好，对待想要杀害的人不吝亲吻；他无情又残忍，不总是为了邪念，还为了野心，或是为了稳固或增加他的财产。朋友和敌人对他而言都差不多，在他处于有利地位时，凡是阻碍他达成目的的人，他都不会放过。

——托马斯·莫尔《国王理查三世本纪》

第九章　爱德华四世、爱德华五世以及理查三世

了不光彩的句号；另一方面，理查三世如同真正的金雀花王朝国王一般，他并没有轻易放弃自己的生命和王位。他被后世诟病为怪物和杀人犯，最终倒在了剑刃之下，就像亚瑟王纪事中勇敢的黑骑士。

著名的博斯沃思战役酿成了金雀花王朝的结局，兰开斯特家族的新领袖亨利·都铎（Henry Tudor）率领一支军队从流放地法兰西回归。都铎是另一个自认为有权继承英格兰王位的人，因为他的母亲玛格丽特·博福特（Margaret Beaufort）是冈特的约翰（爱德华三世之子）的曾孙女。

都铎由叔叔贾斯珀（Jasper）抚养长大。1471年，兰开斯特派在蒂克斯伯里战役大败，随后贾斯珀逃到了布列塔尼。作为一名流亡到法兰西的兰开斯特贵族，都铎一直在等待时机返回英格兰，至少收复自己的土地，如果幸运的话，也许还能夺取王位。都铎计划回国后与约克的伊丽莎白结婚，这一联姻将使玫瑰战争中的两大家族合为一体。

1485年8月，亨利·都铎带领一支小部队在威尔士登陆，然后行军了三百二十多千米后与理查三世交战。在都铎抵达莱斯特郡的博斯沃思沼泽地时，他的军队已扩大至五千人左右。相比之下，理查三世军队的兵力几乎是其三倍，有一万五千

上图　亨利·都铎率军登陆威尔士的纪念碑。

人。不过，两军之间的关键区别在于作战的积极性。都铎的士兵热衷于战斗，而理查三世的军队却摇摆不定，踯躅不前。

这场战斗在炮火和箭雨中开始。第一批原始手枪也在博斯沃思亮相，同时还有短剑、长戟和战斧。教士们在战斗中最喜欢用狼牙棒，因为根据教士法，他们不允许杀人，但可以砸碎敌人的骨头。

在发动几轮箭雨袭击后，理查三世命令士兵发起冲锋，于是惯常的混战开始了。在为数不多的关于这场战役的同时代描述中，所有记述都称赞理查三世英勇无畏。尽管理查三世身材矮小，身形不正，但据记载，他当天在战场上杀死了最高的兰开斯特骑士——身高两米的约翰·切尼（John Cheyney）。他还杀了都铎的旗手。而理查三世自己的旗手被砍断了双腿，但仍然能高举着王室旗帜。

然而，理查三世的决心并没有得到自己士兵的配合。他的一个指挥官托马斯·斯坦利（Thomas Stanley）在战斗中尤其徘徊不前，并且拒绝下令让他的六千名士兵参战。理查三世放话说，如果斯坦利不开战，他就杀了斯坦利的儿子，斯坦利则回复说他还有其他儿子。这样的情形似乎预示了理查三世的灾难，他的一些士兵已经开始逃离战场。

就在这时，理查三世的一个护卫问他是否要上马撤退。"上帝不许我退让一步。"据传理查三世说完这句话后，将王冠戴在了头上，并说道："今天我要么以国王的身份牺牲，要么获胜。"

为此，在附近山顶上的理查三世抱着光荣赴死的决心，带领少数几个随从向亨利·都铎发起冲锋。中世纪战争的不成文规则是：如果一方军队的指挥官被杀，那么该军队就要停止战斗，因此理查三世决定去砍掉亨利·都铎的头。

斯坦利看到理查三世冲锋后终于命令自己的部下投入战斗，但是他们选择站到了亨利·都铎那边。当斯坦利的士兵向理查三世逼近时，眼见自己被背叛的理查三世怒吼道："叛国！叛国！"据说理查三世战斗到了最后一刻。中世纪史学家约翰·劳斯（John Rous）曾把理查三世称为"反基督者"，他赞扬了其在博斯沃思的英勇表现："实话实说，值得称赞的是，

眼见自己被背叛的理查三世怒吼道:"叛国!叛国!"

跨页图 1485年,理查三世在博斯沃思战役中身亡。

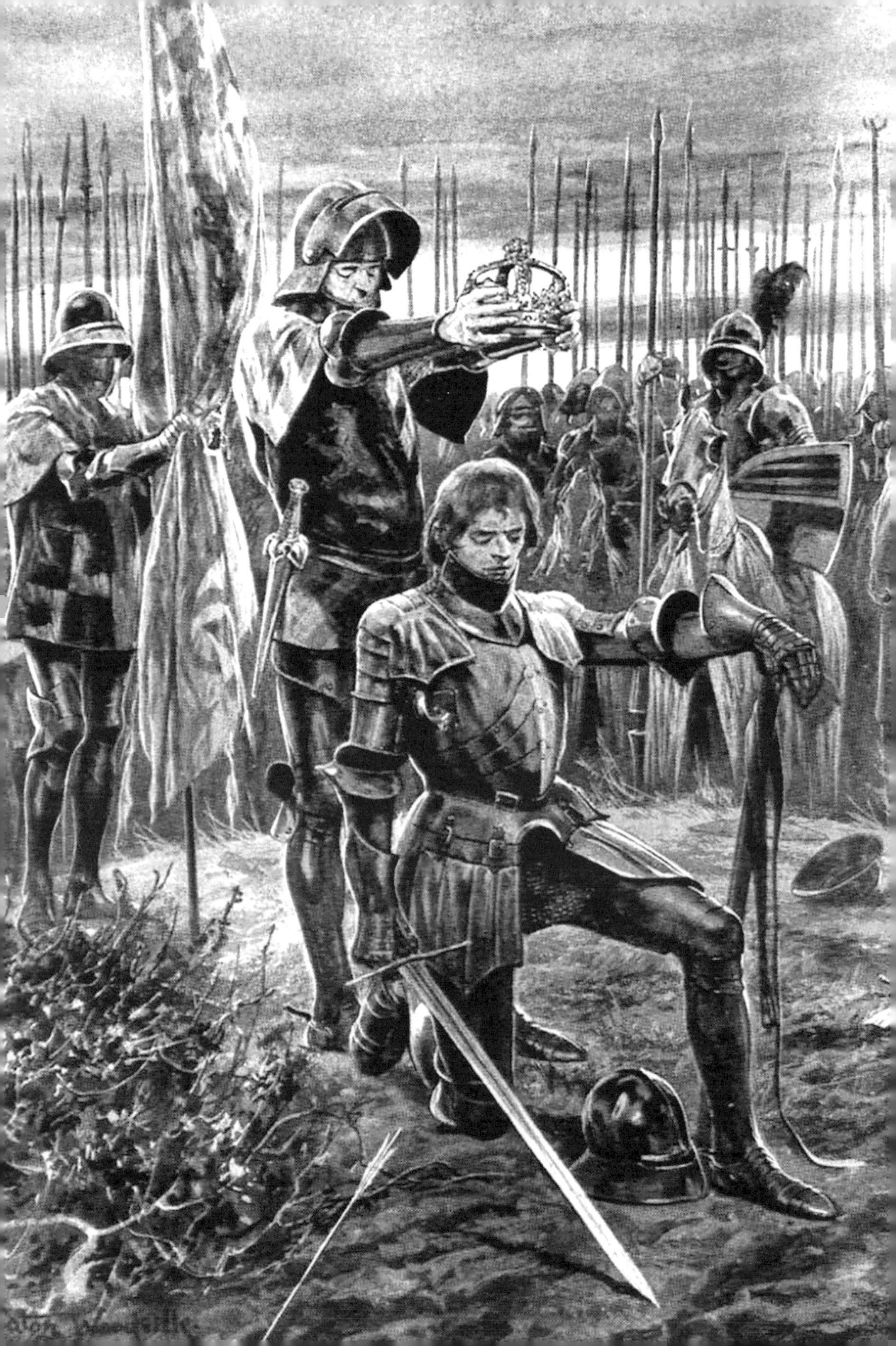

尽管理查三世身材矮小、四肢无力，但他却像英勇的骑士一般作战，直到生命的最后一刻，他仍以卓越的姿态捍卫着自己的权威。"

理查三世遭到敌军的围攻，他的头被劈开，而后躯体栽进了一条小溪（后来成为饮水禁地）。理查三世的尸体被剥得一丝不挂扔在马背上，接着被带到亨利·都铎的部下面前展示，他们此时已经赢得了胜利。士兵在战场上发现了理查三世的王冠，然后将它戴到了亨利·都铎的头上。金雀花王朝的最后一位国王身亡，都铎王朝的统治就此开启。

五百多年后，考古学家在莱斯特的一个停车场地面下一个粗糙的墓穴里发现了理查三世的遗体。骸骨显示，理查三世身材矮小，身高只有一米七二，体型异常苗条，和女性的身材差不多。理查三世在他生命的最后时刻遭到了残暴的打击：头部遭受了八次打击，其中一击削掉了他的一整瓣头骨，另有一击划开了一道超过十厘米长的伤口，脸部也有几处刀伤，臀部被捅穿——这是对仇敌死尸惯常实施的侮辱性伤害。

理查三世在博斯沃思身亡后，成为金雀花王朝唯一没有被安葬在教堂墓地的国王。直到 2013 年，他的遗骸才被移至莱斯特大教堂的圣地，这位金雀花国王终于得以安息。

对页图　理查三世身亡后，亨利·都铎在博斯沃思加冕为王。

下图　2013 年，考古学家在莱斯特的一个停车场地面下发现了理查三世的骸骨，随后为他举行了葬礼。

CONCLUSION

结语

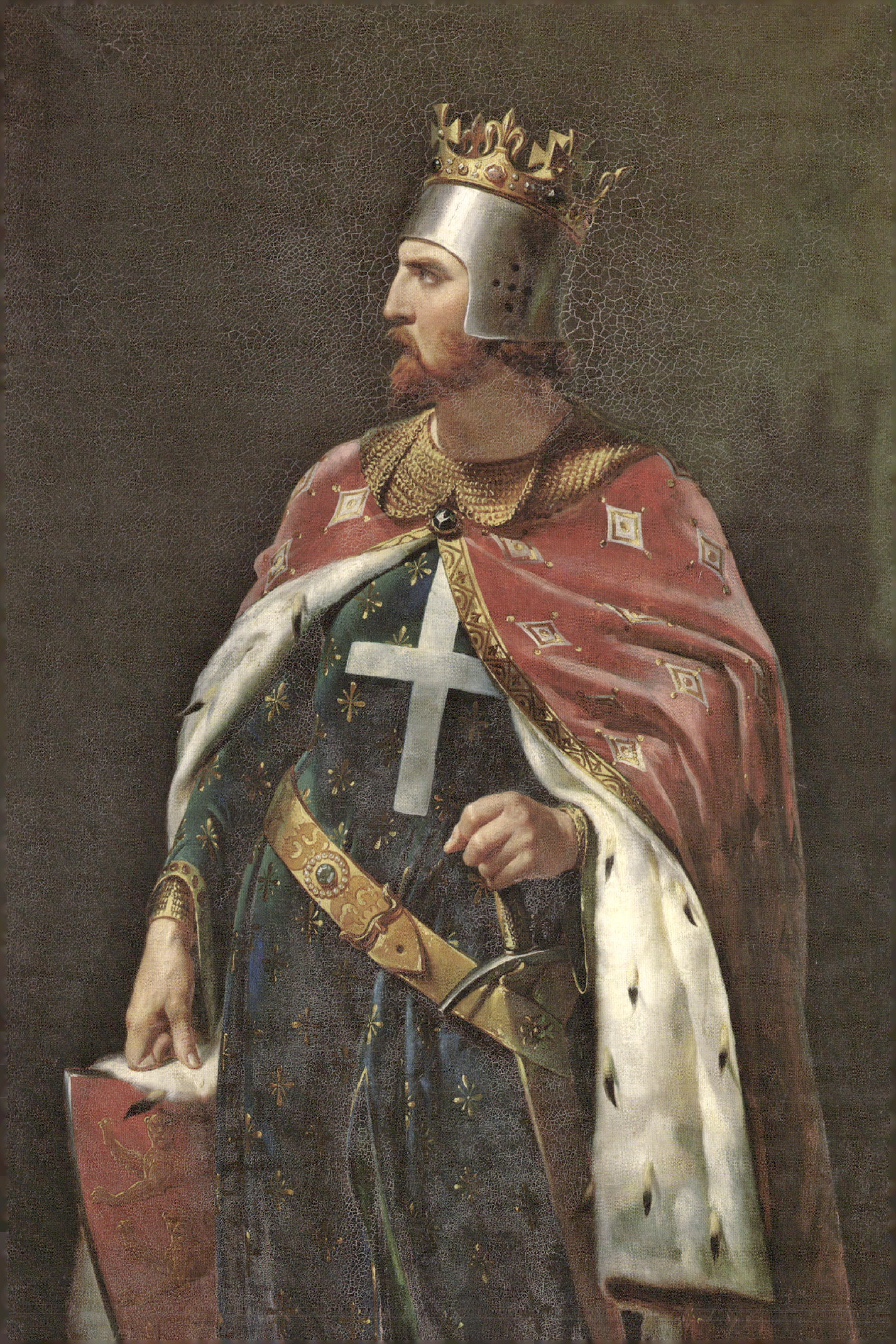

THE
PLANTAGENETS

亨利·都铎即位标志着金雀花王朝和英格兰中世纪时期的结束。金雀花王朝是在暴力的血腥内战中建立的，如今它又以同样的方式被摧毁。这个家族的传奇最终湮灭于历史。

金雀花王朝的故事一直是围绕着家族政治而展开，其核心是一个基本问题：谁应该成为国王？但这很少有明确的答案。长子继承制的模式不断被武装冲突打破。在金雀花王朝统治的三百三十一年间，王朝内部的成员之间经常爆发战争——儿子攻击父亲，兄弟相互攻击，叔叔攻击侄子——自相残杀是金雀花家族的惯例。

与其他大多数家族一样，金雀花家族故事的重大转折点是死亡、出生和结婚。至关重要的是至少要孕育一个男性继承人，最好能孕育更多，这样可以确保王室血统的延续。这些王子应当成为在战场上富有军事头脑、所向披靡和令人生畏的将军。在中世纪时期，国王要想赢得尊重，首先必须成为一名战士。狮心王理查对英格兰及其臣民漠不关心，但仍然被尊为这个民族的圣战强人，而爱德华二世则被贬为软弱无能的懦夫。

爱德华二世为世人所铭记的主要原因不是他的统治，而是他结交的坏伙伴。他对皮尔斯·加弗斯顿以及休·德斯潘塞父子的迷恋导致他遭到武力反抗。然而，爱德华二世并不是金雀花王朝中唯一一位用人不当的国王：亨利三世几乎被他的昔日好友西蒙·德·蒙德福特摧毁，亨利二世则间接杀害了他曾经的宠臣——大主教托马斯·贝克特。

国王与宫廷的关系一直是核心问题。金雀花王朝的新任统治者通常还是个孩子，他们只能听任贵族委员会的摆布，

对页图　狮心王理查喜欢讲述他所谓的恶魔血统背后的传说，他曾说："我们从恶魔中诞生，也将变成恶魔。"

上图 亨利三世的贵族们强迫他实行议会改革,尽管他竭力抵制。然而,这些改革与民主理念并无多大关系。

该委员会负责治理王国和"指导"尚未做好准备的君主,而这些贵族们几乎都不怀好意。那些在掌权过渡中幸存下来的国王往往不是危险的就是无能的:理查二世一废除贵族委员会就开启了恐怖统治,亨利六世在精神崩溃之前丢失了半个王国的领土。

这些金雀花国王是如何看待他们的王室地位呢?有些国王确信自己生来就拥有神圣的统治权,另一些国王至少从出生起就被告知了这一点。但是,寻求达官显贵支持的国王表明他们缺乏安全感,而不仅仅是自恋,他们总是需要与他的对手和敌人达成协议。谴责金雀花国王的愚蠢和自我放纵是很容易的事情,但他们也有值得称赞的地方,以爱德华四世为例,他清楚地认识到,成功的统治意味着保持充盈的国库及获得贵族的支持。两者兼顾是很困难的事情,因为过多的王室税收就可能会引发贵族的反抗,何况金雀花王朝的国王生来就陷入了持续不断的权力斗争。

我们甚至有可能对金雀花家族及其所面临的困境感同身受，但当你考虑到英格兰普通人的生活时，就很难产生同理心了：他们通常过着艰苦的生活，遭到残暴对待而且寿命不长；大多数民众居住在现代人会觉得恶劣、肮脏和危险的地方；许多人在经历庄稼歉收或疾病无法治愈后痛苦地死去；他们必须时刻准备着为贵族或国王而战，然而得到的回报却很少。

设立议会和法庭并不是为了英格兰的普通民众，而是为了增加王室收入、削弱教会权力或是打破贵族和国王之间的权力平衡。不过，这些机构如今形成了民主政府的基础，通常被认为是金雀花王朝最伟大的遗产。

金雀花王朝的国王向来抵制任何侵犯其王权的改革。约翰想方设法逃避《大宪章》的限制，亨利三世请求教皇帮助他背弃《牛津条例》。西蒙·德·蒙德福特因亨利三世违背《牛津条例》而将他监禁，后来，当亨利三世进行反击时，蒙德福特被残忍处决。在这场旷日持久的权力斗争中，双方都没有给彼此留有余地。而《牛津条例》将有助于为下议院的选举铺平道路，为后来英格兰创建的君主立宪制奠定基础。

然而，这种上层阶级的权力斗争对大多数人的生活影响甚微。只有在1381年爆发的农民起义中，普通民众才有可能突然改变他们在封建制度下的附属地位。但是，理查二世违背了他对农民的承诺，并展开了一场残酷的斩首行动，于是这一希望就此破灭了。

大多数英格兰人过着慢节奏的生活，而且是按照乡村生活的节奏，他

下图 反映1381年农民起义的绘画。在该起义进行的短暂时期内，封建制度面临被推翻的危险。

右图 爱德华三世创建嘉德勋章,作为一种骑士荣誉,授予战场上表现英勇的骑士。

们最关心的是季节、收成和天气。金雀花国王的生活对他们意味着什么呢?除了闲聊之外,他们其他方面的兴趣肯定是有限的或零星的。《大宪章》并没有改变农民的生活。金雀花家族到达英格兰时,它已经是一个古老的国家,其居民由许多不同的民族的人组成,包括凯尔特人、罗马人、维京人、盎格鲁-撒克逊人和诺曼人,这些人入侵英格兰后就定居在那里了。英格兰后来的国王有苏格兰人、荷兰人以及德国人。和金雀花家族一样,一些新统治者刚到达英格兰时对英语知之甚少,但随着时间的推移,他们帮助英格兰形成了民族特性。归根结底,英格兰是一个不断被殖民并包容发展的国家。

第一代金雀花国王在登基时甚至都不认为自己是英格兰人。法语是宫廷的语言,英语是农民的语言。然而,在约翰失去金雀花王国在法兰西的领土后,这种情况开始慢慢发生变化。爱德华三世将英语作为政府的官方语言，并且认为英格兰是一个国家，而不是金雀花家族的属地。爱德华三世在圣乔治旗帜下行军，并创建了英格兰最高贵的团体——嘉德骑士团，从而确立了英格兰的民族象征。

爱德华三世将温莎城堡建成了他的卡米洛特，就像亨利三世为纪念盎格鲁-撒克逊国王忏悔者爱德华而建造威斯敏斯特教堂一样，这位国王深受金雀花家族的敬仰。教堂和主教座堂是金雀花家族统治的鲜活例证，就像他们建造的道路和村庄一样，这些教堂一向都是建在很久以前铺设的古道和地基上，有些教堂地址甚至可以追溯到该国新石器时代的历史根源。

然而，建筑、议会和法庭并不是金雀花王朝为世人所铭记的原因，而是那些在三百多年内的谋杀与背叛、丑闻与残暴、镀金的肮脏与血腥被铭记。

下图"塔中王子"之谜在理查三世统治时期仍未解开，但理查三世谋杀了"塔中王子"这一传闻确实推动了理查三世的死亡。

图书在版编目（CIP）数据

金雀花王朝 /（英）本·哈伯德著；熊晶晶译. —广州：广东人民出版社，2024.5

ISBN 978-7-218-17531-7

Ⅰ.①金… Ⅱ.①本… ②熊… Ⅲ.①安茹王朝（12世纪—15世纪）—历史 Ⅳ.①K503

中国国家版本馆CIP数据核字（2024）第081499号

Copyright © 2018 Amber Books Ltd., London
Copyright in the Chinese language translation (simplified character rights only) © 2024 Beijing Creative Art Times International Culture Communication Company

This edition of THE PLANTAGENETS published in 2024 is published by arrangement with Amber Books Ltd. through Copyright Agency of China. Originally published in 2018 by Amber Books Ltd.
本书简体中文版专有版权经由中华版权代理有限公司授予北京创美时代国际文化传播有限公司。

JINQUEHUA WANGCHAO
金雀花王朝

[英]本·哈伯德 著　熊晶晶 译　　　　　　版权所有　翻印必究

出 版 人：肖风华

责任编辑：陈泽洪　唐　芸
责任技编：吴彦斌　马　健

出版发行：广东人民出版社
地　　址：广州市越秀区大沙头四马路10号（邮政编码：510199）
电　　话：（020）85716809（总编室）
传　　真：（020）83289585
网　　址：http://www.gdpph.com
印　　刷：北京中科印刷有限公司
开　　本：710毫米×1000毫米　1/16
印　　张：16　　字　数：283千
版　　次：2024年5月第1版
印　　次：2024年5月第1次印刷
定　　价：78.00元

如发现印装质量问题，影响阅读，请与出版社（020-87712513）联系调换。
售书热线：（020）87717307

出品人：许　永
出版统筹：林园林
责任编辑：陈泽洪
　　　　　唐　芸
特邀编辑：尹　璐
封面设计：刘晓昕
内文制作：万　雪
印制总监：蒋　波
发行总监：田峰峥

发　　行：北京创美汇品图书有限公司
发行热线：010-59799930
投稿信箱：cmsdbj@163.com

创美工厂
官方微博

创美工厂
微信公众号

小美读书会
公众号

小美读书会
读者群